나의 감정팔레트

나의 감정팔레트

발행일   2019년 1월 15일

지은이   Big꿈나비
펴낸이   손 형 국
펴낸곳   (주)북랩
편집인   선일영   편집   오경진, 권혁신, 최승헌, 최예은, 김경무
디자인   이현수, 김민하, 한수희, 김윤주, 허지혜   제작   박기성, 황동현, 구성우, 정성배
마케팅   김회란, 박진관, 조하라
출판등록   2004. 12. 1(제2012-000051호)
주소   서울시 금천구 가산디지털 1로 168, 우림라이온스밸리 B동 B113, 114호
홈페이지   www.book.co.kr
전화번호   (02)2026-5777   팩스   (02)2026-5747
ISBN   979-11-6299-471-9 03180 (종이책)   979-11-6299-472-6 05180 (전자책)

이 도서의 국립중앙도서관 출판예정도서목록(CIP)은 서지정보유통지원시스템 홈페이지(http://seoji.nl.go.kr)와
국가자료공동목록시스템(http://www.nl.go.kr/kolisnet)에서 이용하실 수 있습니다.
(CIP제어번호: CIP2019001659)

■ Big꿈나비 다섯 번째

나의 감정팔레트

손지원 · 이아영 · 조미경 · 최은지 · 차승현 · 장은정 · 정서희

감정 들여다보기/ 감정 받아들이기/ 마음 토닥이기

나를 사랑하는 방법을 오늘도 배워갑니다

북랩 book Lab

자신의 감정을 읽고 표현한다는 것이 결코 쉽
지는 않습니다. 하지만 그리 어렵지도 않습니다.
나 자신에게 지금보다 조금만 더 관심을 가진다
면 이미 반은 이룬 겁니다.

- '들어가는 글' 중에서

"좋아요", "몰라요", "그냥 그래요", "싫어요".

아이들에게 기분이 어떠냐고 물어보면 10명 중 8명은 이것들 중 하나로 답을 합니다. 저도 마찬가지로 그러했습니다. 어떤 기분, 어떤 감정이 있는 지도 몰랐고, 친구가 말하면 나도 그런가보다 라고 여겼고, 혹시라도 친구와 다른 느낌이 들면 내가 이상한 사람인가 혹은 튀면 안 되는데 하는 생각도 들었습니다. 그렇게 나의 감정을 들여다볼 줄도 표현할 줄도 모르면서도 나의 마음을 제대로 읽어주지 않는 주위 사람들을 미워하며 마음 아파했습니다.

지금의 청소년들도 크게 다르지 않아 보입니다. 다양한 신체적 증상을 호소해서 보건실을 찾지만, 알고 보면 그 원인이 아픈 마음 때문인 경우가 많습니다. 겉으로는 웃지만 속으로는 많은 상처를 안고 있는 아이들. 몸의 증상으로 보건실을 찾았지만, 사실은 누군가가 자신의 이야기를 들어주기를 바랐던 아이들. 그래서 자신의 감정을 읽어주기를 바랐던 아이들은 보건실에서 이런저런 이야기를 하며 묵혀두었던 다양한 감정들을 발견하기도 합니다. 한참 얘기하다 보면 방문했던 신체적인 증상은 사라지고 편안한 미소로 보건실 문을 나서는 아이들도 간혹 있습니다.

관계에서의 주된 문제는 사실 어떤 사건보다도 감정의 문제인 경우가 많다고 합니다. 나의 감정을 제대로 인식하고 잘 표현하는가, 상대의 감정을 제대로 읽고 있는가. 그러기 위해서는 무엇보다 자신이 어떤 감정인지 인지하는 것이 우선입니다.

자신의 감정을 읽고 표현한다는 것이 결코 쉽지는 않습니다. 하지만 그리 어렵지도 않습니다. 나 자신에게 지금보다 조금만 더 관심을 가진다면 이미 반은 이룬 겁니다.

　올해 Big꿈나비에서는 '감정'이라는 큰 틀을 잡고 컬러와 책, 치유적 글쓰기를 결합한 '컬러독서 심리상담과정'을 운영했습니다. 감정을 다룬 몇 권의 책과 ㈜한국색채디자인개발원에서 개발된 700개의 컬러 칩을 도구로 활용하였습니다. 자신의 감정을 나타내는 컬러의 칩을 선택하고 그 컬러마다의 느낌을 적고, 편안하게 이야기 나누는 방식입니다. 처음에는 컬러를 선택하기도 힘들어했던 아이들이 점점 자신을 들여다보고 다양한 컬러와 감정을 발견해 나갔습니다. 그리고 그것을 글로 표현하면서 스스로 치유를 해나갔습니다.

　모든 사람은 '자기치유력'이 있다고 합니다. 자신의 마음을 들여다보고, 감정을 발견하고, 인정하고, 스스로를 토닥이는 과정을 통해서 스스로를 치유할 수 있는 힘이 생깁니다.

　자신을 더욱더 사랑할 수 있는 그런 내적인 힘이 생기길 그래서 건강한 성인으로 성장하고 주위에 그 따뜻한 마음 전할 수 있기를 바랍니다.

2018년 9월
지도교사 이정민
보건실에서 행복한 기분으로 씁니다.

차례

part 2 ●

미움 | 우울감 | 외로움 | 좌절감
실망스러움 | 서운함 | 그리움

part 3 ●
고마움 | 기대감 | 기쁨 | 생동감 | 놀라움

part 1

슬픔,
두려움,
안타까움,
미안함,
후회스러움,

혼란스러움,
괴로움,
막막함,
불안함

내 안에 '슬픔'이 있어서, 슬프다고 받아들여서 그렇게 된 것이다.
버려짐은 없고 오직 버려졌다고 느끼는 '나'만 있을 뿐이었다.

- 본문 중에서

핵심감정으로 보는
슬픈 기억

장은정

내가 첫 번째로 들려줄 감정은 바로 슬픔이다. 누구나 어렸을 때부터 경험해온 특정한 감정을 '핵심감정'이라고 하는데 난, 이 핵심감정과 연관 지어서 내가 어떻게 감정을 겪었는지, 그리고 해소했는지를 들려줄 것이다.

내가 어렸을 때부터 항상 경험해온 감정 중 가장 자주 올라오는 감정은 '슬픔'이었다. 이 감정은 성적이 잘 안 나올 때, 할머니가 돌아가셨을 때, 가족과 싸우고 친구들과 싸웠을 때 등 많은 사건이 이 감정을 유발했었다. 이 사건들의 공통적인 특징은 바로 '상실'인데 내가 상상한 성적이 나오지 않음의 상실감, 할머니를 더 볼 수 없다는 상실, 가족 친구와의 친밀감 상실 등 나에게 슬픔의 감정이 올라올 때는 '상실'이 공통으로 경험되는 것을 알아차렸다. 모든 슬픔의 사건이 다 다른 것처럼 보이지만 근본적으로 다 같은 경험이라는 것을 알 수 있었다.

이 사건을 핵심감정으로 바라보자면 내가 어렸을 때 '상실'의 기억이 있다는 것을 뜻한다. 나의 핵심감정의 시작은 4살 때 엄마가 어린이집에 나를 처음 두고 갔을 때 난 엄청난 '상실'을 경험한 것이었다. 마치 버려진 느낌과 같은, 다시는 가족을 볼 수 없다는 생각에 어린 나는 거의 쓰러질 듯이 울었다. 하지만 엄마는 바빠 나를 달랠 시간이 없었고 나를 두고 갔다. 이 사건이 나에겐 충격받은 기억이 되어 자리 잡았다. 예전에는 이 기억을 떠올리기만 해도 슬픔의 감정이 올라왔다. 감정이 올라온다는 것은 나에게 핵심감정으로 자리 잡았다는 것을 의미했다. 난 더 과거의 기억으로 인해 슬픔에 좌우되고 싶진 않았다. 내가 이 사건을 해소하지 않는다면 또다시 슬픔의 감정을 유발하는 사건이 발생할 것이고, 그로 인해 다시 '상실'을 경험해 힘들 것이 뻔했다. 난 이 사건 때문에 슬픈 기억을 더 남기고 싶지 않았다.

내가 이 감정을 해소한 과정을 말해보자면 감정 관련 책을 보면 슬픔의 사건 속에 빠져있고 그 상황을 이해하지 못하는 '작은 나'가 있고, 사건을 더 큰 관점에서 바라보는 '큰 나'가 있다고 말한다. 나의 '작은 나'가 이 슬픔을 유발하므로 먼저, '작은 나'의 슬픔부터 이해부터 해줬다. 그 당시 사건을 겪은 어린아이는 부모님의 사정은 모르고 오직 나를 버렸다고 인식하기 때문에 이 어린아이('작은 나')의 이야기를 충분히 들어줬다. "그랬구나, 네 나이에는 그 행동을 할 수밖에 없었어, 버림받았다고 느껴서 힘들었구나." 하고 달래주었다. 그러면 '작은 나'는 어릴 적 슬픔을 이해받게 되는데, 이것은 충분히 다른 얘기를 들어줄 수 있는 상태가 되었다는 소리이다. 이때 '큰 나'가 어린아이를 이해시켜 주었다. "부모님은 직장이 있고 나를 돌봐줄 상황이 되지 않아서 그런 것이다, 너를 버린 것이 아니라 너를 사랑해서 어린이집에 두고 갈 수밖에 없었다." 이렇게 되면 다시 슬픔의 패턴을 겪지 않게 된다. 혹시라도 그런 상황이 다시 온다고 해도 슬픔의 감정은 올라오지 않게 된다. 하지만 감정이 다시 올라오는 경우가 있는데 그 경우는 감정이 제대로 해소되지 않았던가, 아니면 '작은 나'가 충분히 이해받지 못한 경우에 감정이 다시 올라올 수 있게 된다. 나의 핵심감정 중 하나는 슬픔이었는데 이러한 방법으로 해소를 해 더 이상 '상실'에 대한 슬픔이 올라오지 않게 되었다.

근데 이러한 의문이 들었다. '그래도 슬픔이라는 감정은 조금이라도 필요하지 않을까?' 이 질문에 대한 답은 '이 감정이 나를 불행하게 한다면 굳이 가지고 있을 필요가 없지 않을까?'라는 의문으로 해결되었다. 난 슬픔이라는 감정을 계속 경험함으로써 무의식적으로 항상 버려질까 걱정했고, 그것을 두려워했다. 이렇게 나 자신의 힘을 바라보지 않고 나약한 면만 바라보다 보니 내가 나를 개발할 수 있는 용기가 있는지도 잊어버리고 '진짜 나'가 무엇인지도 잊어버렸다. 바깥의 사건에 계속 휘말리고 스스로 사랑할 수 있는 본질을 잊으며, 계속 버려짐을 경험하고 그 원인이 단지 바깥에 있다고 믿었다. 하지만 지금의 난 이 사건의 계속됨이 내 안에 있다는 것을 깨달았다. 내 안에 '슬픔'이 있어서, 슬프다고 받아들여서 그렇게 된 것이다. 버려짐은 없고 오직 버려졌다고 느끼는 '나'만 있을 뿐이었다.

지금의 난 슬픔을 포함해 많은 감정을 해소해서 더 이상 외부 환경에 흔들리지 않을 수 있게 되었다. 아울러 외부환경에 흔들리지 않음으로 내면을 바라볼 여유가 생겼다.

이렇게 과거의 기억들을 재해석해 달라진 점을 꼽자면 무엇을 하던 그 일을 즐길 수 있는 즐거움이 생겼다. 이제는 누구에게 버려지지 않기 위해 무언가를 하기보다, 진정으로 나를 위해 살아가고 있다는 것을 진정으로 느끼고 있다. 이제는 떠올리면 부정적인 감정이 올라오는 기억도 없으며 과거에 초점을 잡지 않고 있다. 내가 감정을 해소한 것이 거창한 것이 아니라 단지 부정적인 감정을 일으킨 과거를 재해석함으로 좀 더 편안하게 만든 것뿐이다.

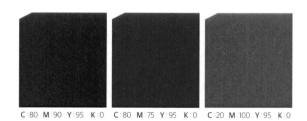

C:80 M:90 Y:95 K:0   C:80 M:75 Y:95 K:0   C:20 M:100 Y:95 K:0

울어도 괜찮아

정서희

To. 어린 나

안녕? 나는 어느덧 17살이 된 너야.

어렸을 때 내가 울면 사람들이 나를 귀찮아할 거라는 생각 때문에 눈물이 나도 절대 다른 사람들 앞에선 울지 말자라는 다짐을 가졌던 것 같은데, 맞지?

그런 너를 생각하면 아직도 뭉클해. 어린 나이인데 울고 싶어도 내가 울면 사람들이 싫어할 거라며 꾹 참던 너를 떠올리면 너무 안쓰러워. 그때의 너에게 나는 울고 싶을 땐 울어도 된다고 말을 해주려고 이 편지를 써.

어린 나야. 슬플 때는 꼭 참아서 혼자 울지 않아도 돼. 슬픔이라는 감정은 숨기면 숨길수록 더욱 커진다는 것을 나는 크면서 깨달은 것 같아. 슬픔은 오히려 울면서 풀리는 감정이야. 울고 나면 더욱 슬퍼질 때도 있지만 대부분은 슬픔이라는 감정이 해소가 되어서 다시 일어설 수 있게 해주잖아? 그 또한 하나의 추억이 되고 성장을 하게 도와주는걸? 슬픔은 절대 숨기고 피해야 하는 감정이 아니야. 그러니까 더 이상은 울음을 참지 않았으면 좋겠어.

그렇게 울음을 삼키고 슬픔을 피하다 보면 언젠가는 진짜 감정이 무뎌지는 것 같더라. 내가 어떤 감정을 느끼더라도 아무 느낌이 안 들고 생각이 없어지고 멍해지더라. 너는 나처럼 계속 감정을 숨기지 않았으면 좋겠어. 너의 주위 사람들을 봐. 아무도 너에게 울었다고 귀찮아하고 너를 싫어하지 않아. 모든 사람들은 다들 울면서 성장하고 울면서 또 하나의 추억을 만들기도 하는걸? 그러니까 감정을 숨기느라 바빠서 더욱 소중한 것을 잃지 않기를 바라.

언젠가는 꼭 너도 내가 한 말을 깨닫고 더 이상 혼자 슬픔을 느끼며 울지 않았으면 좋겠다. 정말 힘들 때는 혼자보다는 함께 슬픔을 공유하는 것도 좋은 방법이야. 그리고 울고 나면 마음도 훨씬 편해질 거야. 네가 슬픔을 통해서 더욱 성장하기를 바랄게. 안녕.

2018년 7월

From. 미래의 나

C : 100 M : 90 Y : 80 K : 0   C : 100 M : 55 Y : 90 K : 0   C : 30 M : 65 Y : 95 K : 0   C : 50 M : 0 Y : 90 K : 0

현대사회의
고등학생

차승현

한국 고등학생은 회사원과 비슷하게 집을 나가 2~5시간 후에 들어오는 신분이다. 어쩌면 무겁다고 볼 수도 있고 한편으론 가볍다고 볼 수도 있다. 그만큼 학교와 학원에 오래 있으니 친구들과 여느 때보다 더 화기애애하게 지낼 수 있지만, 그에 걸맞은 인생의 무게는 가볍지만은 아니하다.

우리는 청소년으로서의 마지막 학창시절을 보내는 기간 동안 1년마다 4번의 시험을 치르며 3년이라는 시간을 보낸다. 그리고 산출되는 '성적'이라는 숫자로 우리의 인생을 좌우하게 된다. 산출되는 숫자로 자신이 진학할 학교를 선택해야 하며 어거지로 적성을 끼워 맞춰 2년에서 4년이라는 기간을 청소년이 아닌 성인의 신분으로서의 마지막 학창시절을 보내야 한다. 물론 특별한 경우도 있을 수 있겠지만, 위에서 언급한 내용들은 전부 일반적인 상황이라고 가정한 상태에서이다.

요새는 산출되는 숫자뿐만이 아닌 자신의 3년간의 일상 및 생활들을 기록하는 '생활기록부'라는 것도 더욱이 중요시되는 추세여서, 여러 타인의 눈치를 살피며 생활해야 한다. 그뿐만인가? 나 같은 경우에는 나의 의도와는 맞지 않게 봉사 시간을 채우기 위해 억지로 봉사를 해야 하며 읽기 싫은 종류의 독서라도 독서기록란을 채우기 위해서 독서를 한다.

과연 이는 누구를 위한 것일까? 자신이 좋아하지도 않는 일을 내 미래를 위해서 해야 한다는 게 인생을 행복하게 사는 것이 맞는 것인가 싶다. 하지만 수를 쓸 수는 없다.

사회가 원하는 인재상은 성적도 좋고 봉사 시간도 많으며 독서를 많이 하고 교내대회에 열심히 참가하는 사람이기 때문이다. 아직 우리는 성인이 아닌 성인이 되어가고 있는 청소년에 불과하다. 물론 성인이 되기 위해 거쳐야 하는 계단을 밟는 것일 수도 있다. 하지만 가혹의 단계가 심하다는 것을 말하고 싶다.

우리는 시험 기간이 되면 학원에서 적어도 3시간 많으면 6시간 이상을 보내며 집에 와서도 공부를 해야 한다. 그렇게 하지 않으면 남에게 뒤처지기 때문이다.

사회에서 경쟁을 치를 수도 있지만 치르지 않을 수도 있다. 사회는 말한다. "어차피 커서 사회생활 할 때도 전부 다 경쟁이야. 그거 준비하는 거야." 요새는 SNS라는 개인 매체를 통해서 자신만의 인생을 개척해 나가는 것도 발전되고 있으며 사업이라는 틀도 확장되어 가고 있는 추세이다.

당장 이런 고등학생의 사회제도를 바꿔 달라는 것이 아니다.

개개인이 성적이라는 숫자를 얻기 위해 얼마나 노력하는지는 천차만별이기 때문이다. 하지만 막상 시험 기간이 다가왔을 때는 힘들지 않다는 것은 거짓말이다. 나는 시험 기간이 되면 사람이기를 포기하는 수준으로 공부에 임한다. 점심도 먹지 않고 자는 시간조차 아까워하는 나는 점심시간에 자거나 시험 치는 4일간은 하루에 2시간만 자고 전부 다 공부를 하는 수준으로 말이다.

오후 5시부터 공부를 시작하여 해가 뜨는 것을 보고 학교에 가서 시험을 치른다. 이가 잘못된 방식이라고들 말한다. 하지만 막상 현실에 처해있는 우리는 타인의 시선이 아닌 본인의 시선으로 바라봤을 때 상위권이라는 단어를 쟁취하기 위해서 이러한 방법을 사용할 수밖에 없다.

과연 이는 누구를 위한 제도인가?

이미 1년간 행해온 행위기에 감정은 아무렇지 않다. 그저 내 아들과 딸들은 나처럼 힘들게 살지 않기를 바라며 자신이 하고 싶은 일들을 했으면 하는 바람에서 글을 써본다.

C:0 M:95 Y:95 K:0   C:15 M:0 Y:95 K:0   C:100 M:100 Y:90 K:60   C:100 M:100 Y:70 K:65

스무 살

최은지

나는 내 친구들보다 조금 늦게 스무 살을 맞이한다. 남들보다 조금 더 늦게 태어났다고 친구들과 같이 맞이하지 못한다고 생각하니 조금 억울하다.

사실 억울함보다는 걱정이 더 크다. 내가 스무 살이 되고 나서야 가능한 일들을 다 같이 하겠다는 일념 하나로 친구들이 버텨주지 않을게 눈에 보이기 때문이다.

집에 들어와 샤워를 하고 혼자 술을 마시는 것도,
클럽이라는 그 완전한 어른들의 세계에 들어가는 것도,
친구들과 갈 숙소를 내 이름으로 예약하는 것도,
아주 잔인한 공포영화를 영화관에서 당당히 보는 것도,
내가 스무 살이 되면 하고 싶었던 것들을 나 혼자만 늦게 누린다는 것이 너무 억울하고 걱정된다.

내가 조금 늦게 태어나놓고 빨리 학교에 들어온 것이 잘못된 걸까?

괜히 부모님께까지 원망을 할 때쯤 내가 원래 내 또래들보다 빠르게 대학생이 된다는 사실이 떠올랐다. 이제야 지긋지긋한 고3 생활이 거의 끝나가는데 그걸 1년 더 기다렸을 생각을 하니 온몸에 소름이 쫙 돋았다.

친구들보다 조금 더 늦게 스무 살을 맞이하게 되는 것은 아직도 불만이지만 빠르게 져버릴 스무 살을 그나마 간접 체험할 수 있다는 사실을 위안 삼기로 했다.

언젠가 스무 살을 맞이할 나는 얼마나 성숙한 어른이 되었을까? 여전히 철이 없을지도 모르겠다.

언제 다시 돌아봐도 내 스무 살이 반짝반짝 빛을 내고 있길 바란다.

C:0 M:90 Y:90 K:0   C:0 M:10 Y:100 K:0   C:90 M:5 Y:40 K:0

괜찮아,
내가 가는 곳엔
내가 있어

이아영

평범한 삶이란 무엇일까?

괜찮은 대학 나와서 남들 다 가지고 있는 차 한 대를 가지고 있고 자기 집 하나 정도 가지고 있으며 가끔은 힐링을 위해 여행을 다니는 것? 이것이 평범한 삶이라면 평범한 삶이란 어려운 것 같다. 이제 곧 사회에 나가 자신의 역할을 다하는 사회인이 될 텐데, 지금 마주한 이 상황이 마치 사육장에서 길러지다 야생에 방생되어 어쩔 줄 모르는 동물이 된 것 마냥 이 순간이 당황스럽고 두렵기만 하다.

고등학교 1학년, 열심히 잘해보자 마음먹었던 파릇파릇한 초심은 까마득한 기억 너머에 있는 듯하다. 학년이 올라갈수록 더 열심히 해야 하는데, 중간에 슬럼프를 겪고 될 대로 되라는 마인드로 산 나 자신에게 실망을 많이 했었다. 참고 버티며 빨리 졸업하기를 기다렸다. 하지만 졸업과 수능을 앞두고 고등학교 3학년 막바지 단계에 들어서니 영원히 학생이고 싶단 생각이 든다. 주변에서 고등학생은 남들보다 시간이 몇 배는 더 빠르게 간다고들 했는데 실제로 경험해보니 정말 그렇다. 중학교 때의 3년도 이렇게 빠르진 않았다. 고등학교의 3년은 3년도 아니었다. 고등학교에 입학한 지 얼마 되지도 않은 것 같은데 곧 성인이 된다고 생각하니 막막하기만 하다.

열심히 하는 친구들을 보면 "나도 열심히 해야지"라는 생각보다 "나는 왜 이렇게 부족할까"라는 자책과 나만 뒤처지는 것 같다는 불안함이 생긴다. 나중에 어떻게 살아가고 싶은지 나름 미래 계획도 짜며 오히려 떵떵거리면서 맘 놓고 있었다. 앞으로 다가올 것들은 계획대로 하면 되니까 걱정할 거 없다고 생각했는데 도리어 계획한 것들이 다 이루어지지 못할까 봐 불안하다.

항상 학교에는 위로 선배들이 있었는데, 그 선배들도 사회에 나가 무엇이든 하고 있을 터이다. 이젠 내가 사회에 나갈 준비를 하고 있다니 실감이 나질 않는다. 사회 한 부분에 기여하는 멋진 사회 초년생이 되기를 기대했는데 벌써 겁부터 내는 나 자신이 작게 느껴진다.

얼마 전 엄마 친구분의 딸이 승무원으로 일을 계속하다가 적성에 안 맞아서 요가강사로 전업했다고 했다. 자신의 원하는 꿈을 이루었는데 갑자기 바꾸기는 어려웠을 것이다. 그토록 큰 결심이 필요한 결정인데 생각해보니 사람이 인생을 살면서 한 가지 일만 하고 사는 법은 없고, 사람 앞날은 어떻게 될지 모르니 자신이 하고 싶은 것을 하고 사는 게 중요한 것이란 것을 느꼈다.

우리는 어쩌면 평범하게 살기 위해 노력하는지도 모른다. 취업을 하기 위해, 돈을 벌어, 먹고살기 위해 평범한 삶을 꿈꾸는 사람은 누구 할 것 없이 치열하게 살아간다. 하지만 그러면서도 우리는 비교를 하면서 슬퍼한다. 요즘 진로에 대해서 "왜 나는 남들과 다른 보기 드문 과를 선택했을까?" 싶고 "그냥 남들처럼 비슷하게 많이들 가는 과를 선택해 갈 대학을 결정했으면 덜 불안했을까?" 하며 고민한다. 하지만 진로의 방향을 잘 잡아가야 할 시기에 계속 불안해하기만 하면 될 일도 안 될 일이다. 이제는 나의 기준에 맞춰 살아가도록 노력할 것이다. 알 수 없는 미래에 대한 두려움에 빠져 아무것도 못 하는 것보단 일단 시작하고 봐야 나중에 어떻게 될지 볼 수 있는 법이다.

그림자가 나를 따르는 것처럼 내가 가는 곳엔 내가 있다고 믿는다. 모두가 똑같을 수는 없으니까 그저 각자의 속도에 맞게 흘러가는 것이라고 생각한다. 자신의 위치에서 열심히 노력한다면 언젠가 빛을 보게 될 날이 올 것이다.

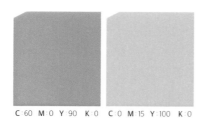

C:60 M:0 Y:90 K:0   C:0 M:15 Y:100 K:0

두려움의 필터

장은정

나는 예전부터 두려움이 많았다. 귀신, 개, 벌 등 많은 것들이 나를 두렵게 했다. 개가 쫓아와서 학교에 지각을 했었고, 벌이 집을 둘러싸고 있어서 집에 가지도 못했다. 공포영화를 보러 가서 중간에 뛰쳐나오기도 했고, 여름에 귀신이 나올까 봐 무서워서 이불을 발끝까지 꼭꼭 덮고 자고, 침대 밑에 쥐가 나올까 봐 잠을 자지 못했고, 비행기를 타면 추락할까 봐 타는 내내 기도만 하기도 했다. 성적이 잘 나오지 않아 어떻게 먹고 살지 막막해 두려웠고, 어두운 길을 걷다가 미지의 무언가를 볼까 봐 두려웠다. 생선을 먹다 가시가 목에 걸려 고통스러울까 봐 생선을 먹지 못했다. 이렇게 난 두려움에 똘똘 뭉쳐진 사람이었다.

이 모든 사건의 근본적인 것은 바로 '죽음'에 대한 것이었다. 난 살기 위해 모든 것을 두려워했다. 인간의 가장 깊숙이 있는 감정이 죽음에 대한 두려움이라고 하는 것이 뼈저리게 이해가 갔다. 한번 두려움이라는 필터를 쓰고 세상을 바라보면 모든 것이 나의 생명을 위협하고 사람조차 믿지 못하게 된다. 난 이러한 감정을 극복할 방법이 떠오르지 않았다. 아니, 떠올릴 수 없었다. 두려움을 직시하는 것조차도 두려웠기 때문이다. 하지만 두려움은 두려움을 불러오기 때문에 점점 내 안의 두려움은 커져만 갔다. 그런 삶은 전혀 행복하지 않았다. 이 두려움을 해결하지 않으면 내 미래가 온통 두려움으로 칠해질 것이 뻔했다.

내가 이런 감정을 극복하기 위해 고민하던 도중 데이비드 호킨스 박사의 『놓아버림』 만나게 되었다. 이 책에선 놓아버림 기법을 사용하는데 이 기법은 피하고 싶은 감정을 피하면 피한만큼 더 몰려와서 감정의 굴레가 연속된다는 것이다. 이 기법을 두려움에 적용해보기로 했다. 두려움의 감정이 올라올 때 저항하지 않고 가만히 있었다. 난 어두운 곳보다는 조용한 곳을 두려워하는데, 가만히 두려움을 올라오게 두니 정말 벗어나고 싶었다. 온갖 두려운 이미지와 느낌들이 요동쳤다. 하지만 처음에는 넘을 수 없을 것 같던 두려움이 나중에는 점점 없어지더니 결국은 사라졌다. 이 느낌을 저항해서 난 지금까지 두려움을 경험한 것이었다. 이것으로 끝난 것이 아니라 계속 두려운 상황이 오는데 난 이때 심호흡을 하면서 저항하지 않았다. 이 기법은 다른 감정에서도 사용할 수 있다고 했는데, 난 두려움을 다루는 데 가장 효과가 있었던 것 같다.

지금은 두려움이 손을 쓸 수 없는 큰 산이 아니라 쉽게 넘을 수 있는 언덕 같다. 두려움을 넘고 나서 바라본 세상은 정말 자유로웠다. 두려움이 올라오는 상황은 현재 나의 한계이자 넘어야 할 곳이고, 그곳에는 깨달음이 온다는 것을 알기에 이제는 두려운 상황이 오히려 기대된다.

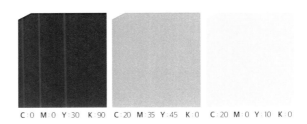

C:0 M:0 Y:30 K:90   C:20 M:35 Y:45 K:0   C:20 M:0 Y:10 K:0

시간이
야속한 이유는 뭘까?

손지원

시간이 야속하게 느껴지는 이유는 뭘까?

아니다. 시간이 야속한 것이 아니라 내가 이기적인 것일 수도 있겠다. 시간이 왜 이리 안 가냐고 생각했다. 이제야 친구들이랑 재밌게 놀고 즐기려고 하는데 왜 이리 시간은 야속하게 빨리 지나가는 것일까?

오늘은 학교축제로 학교 전체가 시끌시끌하다. 우리의 후배들은 학교축제에 나가기에 예쁘게 서로를 꾸며주고 무대 위에서 반짝이기 위해 노력한다. 3학년인 우리들은 졸업사진 찍는 것에 정신이 없다. 자칫하면 흑역사로 남을 수 있는 졸업사진 촬영과 수능 칠 때 그리고 학생부의 사진을 바꿀 수 있는 마지막 기회인 수능 원서 사진을 찍는 데 한 창이다. 나 역시 아침부터 최대한 자연스러우면서 예뻐 보이는 사진을 찍기 위해 화장을 했다.

막상 사진을 찍으러 가니 너무나 떨렸다. 거울을 보면 볼수록 더

욱더 못생겨 보이는 것만 같았다. 친구들의 머리를 다듬어 주면서 나만 그랬는지 모르겠지만 기분이 이상해졌다. 작년 선배들도 이런 마음이었을까.

마치 졸업장을 들고 체육관에 가서 영상 편지를 보고 있는 기분이랄까. 3년이라는 시간이 짧지 않은 시간이었고 수도 없이 많은 좋고 재밌는 추억들이 있지만 공부한다고 서로 의지해왔던 친구들과 이제는 조금 있으면 헤어져야 한다는 생각에 기분이 묘해졌다.

항상 12시간은 기본으로 같이 있으며 가족보다 더 오랜 시간을 함께 보내던 나의 소중한 친구들이 조금 있으면 큰 사회에 나가게 된다. 각자 원하는 꿈을 이루기 위해 노력하며 서로 연락할 시간도 없이 바쁘게 살아가게 될 것이다. 한때 고등학교 빨리 졸업하고 어른이 되고 싶다는 생각을 했던 적이 있다. 그런데 누군가 얘기했다. 고등학교 3학년 시간이 제일 빨리 지나간다고. 처음에는 그 말을 믿지 않았지만 이제야 실감이 난다.

정말 순식간에 말 그대로 시험만 치다가 1학기가 끝난 것 같고 2학기에는 수능으로 갈 아이들은 수능 준비를 하면서 또 수능과 상관없는 아이들은 자소서와 면접 준비로 그리고 원서접수로 정신없이 보낼 것이다. 그러다가 재밌게 졸업사진을 찍고 수능이라는 우리가 여태 공부해온 목표인 크고 큰 시험을 치고 친구들이랑 잠시 놀다가 그렇게 어른이 되고 졸업을 할 것이다.

　이러한 과정들이 순식간에 머리를 스쳐 지나갔다. 마치 별똥별을 보듯이 빠르고 강렬하게 머리를 지나쳤다.

　비록 별똥별처럼 빠르게 지나가는 시간을 멈출 수는 없지만 남은 시간을 알차게 사용할 수는 있다. 아직은 2학기라는 시간이 남아있기 때문이다. 친구들과의 추억들을 많이 남기기 위해 시간을 내어 여행도 다니고 예쁜 곳에 가서 사진도 많이 찍고 하루 종일 이야기하며 시간을 보내고 싶다. 그렇게 나는 얼마 남지 않은 아름다운 10대를 후회 없이 보낼 것이다.

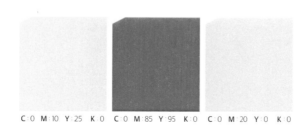

C:0 M:10 Y:25 K:0　　C:0 M:85 Y:95 K:0　　C:0 M:20 Y:0 K:0

밤바다에서
너와 나

차승현

밤바다의 별이 여느 때와 같이 반짝반짝 빛을 켠다.
그 누구도 별의 반짝임을 감히 따라 할 수 없다.
이 순간만큼은 세상에서 가장 밝은 것,
밤바다의 별.

밤바다의 하늘이 여느 때와 같이 어두컴컴 빛을 끈다.
그 누구도 하늘의 명암을 감히 따라 할 수 없다.
이 순간만큼은 세상에서 가장 어두운 것,
밤바다의 하늘.

밤바다의 파도 소리가 여느 때와 같이 철썩철썩 시원하게 소리를
낸다.
그 누구도 파도의 소리를 감히 따라 할 수 없다.
이 순간만큼은 세상에서 가장 시원한 것,

밤바다의 파도 소리.

밤바다의 공기가 여느 때와 같이 쉬이 쉬이 콧노래를 부른다.
그 누구도 공기의 콧노래를 감히 따라 할 수 없다.
이 순간만큼은 세상에서 가장 신나는 것,
밤바다의 공기.

밤바다의 풍경이 여느 때와 같이 조화를 이루어 아름답다.
그 누구도 풍경의 조화를 감히 따라 할 수 없다.
이 순간만큼은 세상에서 가장 조화로운 것,
밤바다의 풍경.

밤바다에 있는 내 옆 친구가 여느 때와 같이 행복해 보인다.
그 누구도 이를 대체하지 못한다.
이 순간만큼 아니, 언제나 세상에서 가장 행복한 사람,
내 옆의 친구.

밤바다에 있는 내가 너에게 좋은 사람이였으면 좋겠다, 친구야.
밤바다에 있어서 좋은게 아니라, 너와 있어서 좋았다, 친구야.
이대로 시간이 흐르지 않았으면 좋겠다, 친구야.
다음날 아침이 되면 흩어져야 하니까.

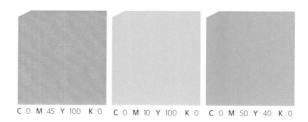

C:0 M:45 Y:100 K:0   C:0 M:10 Y:100 K:0   C:0 M:50 Y:40 K:0

감정이란
무엇일까?

손지원

감정이란 과연 무엇일까?

감정을 한자로 하면 느낄 감感 뜻 정情이다. 단어를 풀이해보면 어떤 현상이나 일에 대하여 일어나는 마음이나 느끼는 기분을 뜻한다. 우리는 우리의 감정에 관심을 가지고 살아간 적이 있을까? 오늘 나의 감정은 뭐지? 나는 오늘 왜 이리 기분이 좋지? 나는 오늘 왜 이리 짜증이 날까? 각자가 주어진 일을 한다고 자신의 감정을 무시하고 살아오지는 않았는가?

감정은 우리생활에 많은 비중을 차지하고 내가 나의 감정에 대해 아는 것은 매우 중요한 일이다. 감정이란 녀석은 매우 까다로운 아이이다. 조금만 신경을 안 쓰고 보살펴주지 않으면 마음속에서 병이 자라난다. 매우 까다롭지만 단순한 아이이기도 하다. 자신에게 관심을 두고 공감을 해준다면 그 병은 언제 그랬냐는 듯이 말끔하게 없어진다.

〈감정의 성장〉(김녹두)이라는 책에도 나오는데 신호로서의 감정은 사람들 사이의 의사소통에 중요한 역할을 한다. 나의 감정에 따라 나에게 풍겨오는 이미지가 달라진다. 예를 들면 평소에 잘 웃던 나의 친구나 또는 주변 지인이 오늘따라 표정이 안 좋으면 우리는 바로 '아, 오늘 이 사람이 기분이 좋지 않구나', '무슨 일이 있구나' 하며 예측할 수 있게 된다. 그만큼 의사소통을 하는데 있어 감정은 빠질 수 없는 것 중의 하나이다.

그런 날이 있을 수도 있다. 감정에 관해 관심을 가지려고 애쓰는데 아무런 감정을 느끼지 못할 때가 있다. 감정의 성장에서도 그랬듯이 그럴 때는 감정이 어떤 상태에 있는데 단지 스스로가 그런 감정을 느끼지 못하는 것이라고 한다.

나는 그런 적이 있다. 하루는 아무런 생각도 감정도 느껴지지 않는 날이 있었는데 잠들기 전 생각을 해보니 나는 아무런 감정이 없었던 것이 아니라 애써 그다지 좋지 않은 감정을 느끼지 않으려고 했던 것이었다. 감정을 자세히 들여다보면 몸이 반사적으로 자신에게 해가 끼칠까 봐 감정을 느끼지 못하게 하려고 할 수도 있다.

나는 남의 눈치를 많이 보는 편이다. 무슨 결정을 하든지 나의 의견보다는 남의 의견을 더 중요하게 받아들인다. 고집이 세서 정말 확고한 의지가 있을 때는 나의 의견을 강력하게 내세우지만 정말 중요한 것일수록 남의 의견에 더 의지를 많이 한다.

〈감정의 온도〉(김병수)에서 이런 구절이 나온다.

　'우선 다른 사람의 의견을 묻기 전에 내가 원하는 게 뭔지 생
각하세요. 그리고 선택하세요. 그러려면 자기 확신이 필요합니
다. 나는 꽤 괜찮은 사람이야. 나는 나름대로 잘살고 있어 라는
믿음이 있어야 내 선택에도 믿음을 가질 수 있습니다.'

　이 구절을 읽자마자 나 자신에게 너무 미안해졌다. 나는 항상 내가
원하는 것을 묻기 전에 다른 사람의 의견을 먼저 묻고 거기에 따랐는
데 그것은 자기 자신에 대한 확신이 부족해서였고 나에 대한 믿음이
없었기에 내 선택에도 믿음이 없었다는 사실을 알게 되었기 때문이
다. 그래서 나는 나를 많이 사랑하려고 노력하는 중이다. 나를 많이
사랑하고 믿어주는 것 역시 나에 대한 나의 감정이기 때문이다.

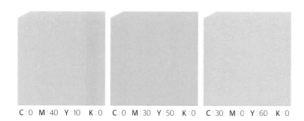

C:0 M:40 Y:10 K:0　　C:0 M:30 Y:50 K:0　　C:30 M:0 Y:60 K:0

몽실이

차승현

몽실아, 오빠가 많이 미안해.

나도 학교 학원을 갔다 오면 12시에 오고 동생도 학원을 마치고 오고 아빠랑 엄마도 일을 마쳐야 집에 오지.

그동안 니가 얼마나 외롭고 심심할지는 말로 형용할 수 없을 거야.

방학 기간에는 나랑 동생은 만날 놀러 갔다가 늦게 오고 아빠랑 엄마도 일을 마쳐야 집에 오지.

내가 가끔 산책을 시켜주지만 산책을 하는 시간보다 네가 집에 있는 시간이 훨씬 많은 거 알고 있어.

산책을 못나가는 날에는 항상 풀이 죽어 슬픈 표정을 하지.

집에서 마지막으로 나가는 사람이 집을 나가면 10분이 넘도록 짖어대며 같이 나오고 싶어 하지.

밥도 제때제때 챙겨주지 못해서 미안해.

우리가 너를 싫어하고 미워서 그런 게 아니야. 하지만 책임감이 없는 행동은 맞는 것 같아.

나는 가끔 너를 보면서 이런 생각들을 해.

"네가 말을 할 수 있었더라면 얼마나 좋았을까?"

내가 너와 소통하며 사소한 것들로부터 오는 기쁨을 공유한다면 그보다 더 큰 행복이 없을 텐데.

너도 생각이 있고 표현하고 싶은 의견들이 있을 텐데 그저 짖기만 하며 네 감정을 표출 못하는 너를 보면 참 안쓰러워.

세상이 발전함에 따라 언젠가 너와 소통할 수 있는 날이 올 수 있기를 바라.

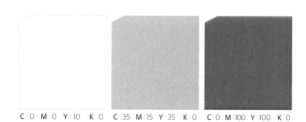

C:0 M:0 Y:10 K:0   C:35 M:15 Y:35 K:0   C:0 M:100 Y:100 K:0

공부란 녀석

손지원

중간고사를 치고 정신 줄 놓고 신나게 놀았더니 어느새, 기말고사이다. 중간고사 때 스트레스를 너무 많이 받아 심한 장염에 걸려 독서실에서 공부하는 것조차도 힘겨웠던 기억이 난다. 그래서 이번 기말고사에는 심하게 스트레스 받지 않으려 노력했다. 다행히도 중간고사에 비하면 심한 장염에 걸리지 않고 공부를 할 수 있었다.

학교에서도 그렇고 공부가 잘되는 날이 있고 잘 안 되는 날이 있다. 독서실에서 공부하다가 집중이 잘 안 되어서 장소를 바꿔 도서관에서 공부했다. 도서관에서 이틀 연속 공부를 했다. 첫째 날은 공부가 되게 잘 되었는데, 둘째 날은 집중도 안 되고 전날보다 날씨도 너무 좋아진 탓인지 괜스레 날씨 핑계를 대고 도서관을 나오고 싶은 기분까지 들었다.

햇살이 창을 통해 들어왔고 나의 집중력은 바닥을 향해 떨어지고 있었다. 그러면서 기말고사에 대한 불안감은 또 올라갔다. 하지만 마지막 시험이라 그런지 쓸데없는 자신감이 생겼다. 이 정도 공부하면 어느 정도 잘 나오지 않을까? 이번에 진짜 열심히 했는데 더는 안 해도 될 것 같은 이런 근자감(근거 없는 자신감)말이다.

오늘은 독서실을 갔다. 공부가 잘되는 날이었다. 편의점에 가서 커피를 사 먹은 탓인지 커피가 잘 먹히는 날인지 알 수는 없었지만 결론은 공부할 의욕이 넘쳐났고 내가 목표한 곳까지 다 끝낼 수 있었다. 목표한 곳까지 다 끝낸 그 쾌감은 이루면 이룰수록 배로 커지는 것 같다.

드디어 대망의 그날이 왔다. 공부한 사람에게는 기다려지는 날이고 공부 안 한 사람에게는 기다려지지 않는 기말고사 날이 왔다. 첫째 날 시험은 공부를 정말 열심히 해서 자신 있는 과목이었다. 시험을 치고 친구들이랑 비교해서 매겨 봤는데 맞는 것이 많았다. 첫 시험부터 느낌이 좋았다.

어릴 때부터 시험점수에 매달린 탓인지 고등학생이 된 지금도 나는 점수에 더 큰 의미를 둔다. 고등학생은 점수도 점수이지만 점수보다는 등급에 더 매달려야 하는 시기인데 말이다.

어릴 때부터 나는 남에게 인정받는 것을 좋아했다. 그래서 초등학교 때는 시험 100점을 맞으면 부모님과 할머니 할아버지께도 연락을 드려 신나게 자랑을 했던 기억이 난다. 초등학생에 비해 고등학생이 되면서 나의 성적은 중간이 되어버렸고 내가 선생님을 찾지 않으면 선생님은 나를 찾지 않았고 내 이름을 모르는 선생님도 많아졌다. 그러면서 초등학생 시절의 활기는 없어졌고 나는 점차 소심해지면서 자신감과 자존감을 많이 잃어버렸다.

다시 말해 성적이 시험점수가 나의 인생에 영향을 많이 끼쳤다고 해도 과언이 아니다. 그랬던 나인데 점수보다는 등급이 더 중요하니 아직은 잘 모른다고 하신 엄마의 말씀이 시험을 열심히 쳤고 점수도 다른 친구에 비해 잘 나왔다고 생각한 나에게는 조금 서운한 말이었다.

그렇게 4일간의 길고 긴 나와의 싸움인 기말고사는 끝이 났다. 기말고사가 끝난 날 우리는 7교시까지 남아있었는데 학교의 에어컨은 말썽을 부렸다. 꼭 내 마음 같았다. 꺼졌다가 켜졌다가 점점 불쾌지수가 올라갔다. 그러다가 성적표를 받았다. 역시 처음에는 점수만 적혀있는 성적표였다. 등급은 알 수 없었지만 등급이 왠지 잘 안 나올 것 같은 느낌이 들었다.

내 나름대로 열심히 공부했다는 착각 속에 시험을 치고 성적표를 받았다. 시험이 끝났는데 생각보다 홀가분하지 않았다. 시험 전에는 하고 싶은 것들이 넘쳐났는데 시험이 끝나고 나니 하고 싶었던 것들이 생각나지 않으면서, 내가 무엇을 해야 하는지 나의 목표는 무엇인지 길을 잃어버린 사람처럼 하루 종일 멍해 있었다. 그렇게 나의 3학년 1학기는 마무리가 되었고 시험 기간에는 시험에 대한 생각들로 가득 차 있었던 머리가 시험이 끝나니 어느새 2학기에 대한 걱정들로 차 있었다.

그렇게 나는 이제 시험이 아닌 대학을 목표로 다시 달리기 시작했다. 비록 고등학교 3학년 1학기까지의 성적은 끝이 나버렸지만 남은 2학기는 후회 없이 보낼 예정이다. 고등학교 때 느꼈던 공부에 대한 감정은 버리고 이제부터는 내가 배우고 싶은 것들을 배워보려고 한다. 공부는 평생 해야 한다고 들었다. 그래서 나는 이왕 평생 하는 공부 내가 배우고 싶은 것을 하면서 더는 공부를 열심히 했다는 착각 속에서 벗어나 제대로 공부를 할 것이다.

C:0 M:100 Y:100 K:0   C:0 M:0 Y:0 K:5   C:100 M:0 Y:100 K:5   C:100 M:100 Y:0 K:70

5월,
나의 감정은
롤러코스터를 탔다

손지원

5월의 나의 감정은 이루 말할 수 없었다. 나는 놀이기구를 타러 가도 롤러코스터를 무서워서 타지 못한다. 그런 내가 5월에는 나의 감정이 롤러코스터를 체험하였다. 다시 말해 기분이 오르락내리락하였다. 중간고사가 끝나서 풀어져 있기도 하였는데 내가 정말 좋아하는 가수 콘서트에 갈 생각에 5월 내내 신나있었다.

하지만 한편으론 내가 고3인데 인생에서 제일 힘들다는 고3인데 "내가 이러고 있어도 되나 공부해야 하는데…" 집중은 안 되고 미래에 대한 걱정은 쌓여만 갔다. 시간은 점점 지나가고 있고 공부에 대한 압박감은 쌓여만 갔지만 정작 나의 모습을 보면 또다시 걱정이 밀려오고 나 자신을 미워하게 되었던 것 같다.

공부해야지 마음먹고 야자시간에 공부하다 보면 집중이 잘되어서 문제집이 술술 잘 넘어갈 때가 있고 아닌 날에는 한 문제만 잡고 손에 연필만 쥔 채 머릿속에는 다른 생각을 하고 있을 때가 많다. 고2까지만 해도 고3되면 잠도 안자고 진짜 코피 흘려가며 해야지 했는데 정작 나는 그러고 있지 않으니까 스트레스를 많이 받았다.

5월에는 기분이 오르락내리락해서인지 스트레스를 받으며 "진짜 시간이 이제 별로 안 남았어, 빨리 공부해야지" 하며 시간에 촉박이 다가도 또 마음의 여유가 조금이라도 생기면 나의 진로에 대한 고민을 바로 했다. 내가 현재 희망하고 있는 진로는 유치원교사인데 유치원교사가 사범 쪽이라서 그런지 4년제 대학교에 들어가려면 공부를 좀 잘해야 한다.

나의 성적이 어느 정도인지 알면서도 공부를 해서 올릴 생각은 하지 않고 '그냥 다른 진로를 찾아볼까?', '나의 성적에 맞는 진로를 찾을까?' 고민만 하였다. 하지만 성적에 맞춰 진로를 찾아가기에는 인생이 너무 아까웠다. '한 번뿐인 인생 제대로 즐기고 자신이 진정으로 원하는 것을 하면서 살아야지' 하며 조금은 목표를 높게 잡아도 좋다고 생각했다.

그래서 성적에 맞춰 진로를 찾지 않으면서 유치원교사 말고도 어떤 진로가 나한테 잘 맞을까 친구들이랑 이야기해본 결과를 바탕으로 생각해봤다. 한 친구가 너는 친구의 말을 주의 깊게 잘 들어주고 공감도 잘해주니까 심리상담사를 해도 좋을 것 같다는 말을 한 적이 있다. 그래서 심리에 관해 관심이 생겼었다. 하지만 나는 나의 감정도 하나 컨트롤하지 못하는데 내가 남의 심리를 어떻게 상담해주며 제대로 공감해 줄 수 있을까 하였다.

동아리에서 올해 감정에 관련된 책들을 선정해 읽으면서 점점 심리공부를 하는 것도 재밌겠다고 생각하게 되었다. 그러면서 내가 내린 결론은 일단 유치원교사를 목표로 대학교에 진학하여 유치원교사를 하다가 제2의 직업으로 어른들을 상대로 하는 심리 상담도 좋지만 표현을 잘하지 못하는 아이를 상대로 심리 상담을 하는 것도 좋다고 생각되어 아동 심리상담사가 되어야겠다는 결론을 내렸다.

제2의 직업으로 하지 않더라도 내가 유치원교사를 하면서 일주일에 한 번 정도는 서로에 대해 이야기해보는 시간을 가지며 아이들이 자신의 감정을 잘 표현할 수 있도록 도와줘야겠다는 생각을 하게 되었다.

그렇게 나의 감정은 마침내 종점에 이르렀다. 공부와 콘서트. 감정의 온도차가 너무나 심한 5월이었지만 마침내 롤러코스터의 종점은 진로에 대한 생각으로 끝이 났다. 그렇게 또다시 6월이 될 것이고 6월에도 나의 감정이 내가 무서워하는 롤러코스터를 타게 될지는 모르겠다.

C:0 M:5 Y:100 K:0   C:0 M:70 Y:100 K:0   C:100 M:100 Y:45 K:0   C:0 M:90 Y:95 K:0

나에게 보내는
위로의 편지

장은정

To. 11살의 은정.

안녕 난 17살의 은정이야.

너는 아마 초등학생 4학년쯤 일 거야 맞지? 내가 왜 너에게 편지를 쓰냐 하면 그 당시의 내가, 훗날의 네가 죄책감으로 뒤덮여 있을 것 같아서야. 난 너의 그 감정이 악화하지 않게 도와주고 싶어. 그러기 위해서 너의 핵심감정을 되돌아볼 필요가 있겠지.

그 당시 나와 지금의 너에게 일어난 사건은 외할머니가 돌아가신 일이야. 난 평생을 같이 살아온 할머니께서 돌아가시자 정말 슬펐지. 너도 그렇겠지. 왜 이 편지의 주제가 죄책감이냐면 당시 할머니 장례식에서 내가 울지 않은 것이 죄책감으로 이어졌기 때문이야. 정말 이상하지?

지금부터 그때의 이야기를 들려줄게.

그 당시 장례식 때 난 정말 슬펐고 울고 싶었지만, 감정을 드러내는 것이 두려웠어. 장례식은 거의 울음바다였고 그중에 엄마도 울고 있었어. 그 장면을 보는 나는 또 눈물이 났지. 근데 울지 않았어. 이 행동은 나중에 엄청난 후회로 다가왔지. 하나뿐인 할머니께서 돌아가셨는데 마지막인 장례식에서 울지 않은 것이 할머니께 너무 죄송했어.

　하지만 그때 눈물이 나지 않은 것은 아니야. 계속 눈물이 나서 괴로웠지. 화장실에 들락날락 하면서 계속 세수를 하며 필사적으로 눈물을 감추었지. 아무것도 하기 싫고 계속 장례식장 옆에 있는 방에서 웅크려 있었어.

　이렇게 3일 동안 있었어.

시간이 흘러 할머니의 관이 묻힐 곳으로 이동해 땅에 관이 묻히는 장면을 보는데 또다시 눈물이 나왔어. 하지만 울지는 않았지. 주변 사람들은 다 울지만 난 울지 않았어. 다른 사람들에겐 그저 흘러간 장례식이었겠지만 나에겐 잊어버리고 싶은 장례식이었어.

여기까지가 내가 경험한 이 사건을 적은 글이야. 아마 너도 지금 이렇게 눈물을 감추고 있겠지. 지금의 내가 너에게 말해주고 싶은 말은 할머니의 장례식에서 충분히 울어도 된다는 말이야. 그리 참지 않아도 된다고. 할머니를 위해서가 아니라 나 자신을 위해서 말이야.

너는 지금 아주 슬프고 눈물이 나는 것은 당연한 일이야. 난 그때 내가 울면 엄마가 더 슬퍼할까 봐 못 울었고, 다른 사람에게 폐 끼치고 싶지 않아. 쪼그만 머리로 많은 생각을 했었지. 근데 방금도 말했듯이 그때 슬픈 나를 위해 울었어야 했어. 그때 울지 않아서 어린 나를 이해해주지 못했고 다른 사람을 위해 살아가지만 나를 돌보지도 않고 타인만 볼 뻔했지. 가장 중요한 것은 '나'인데 말이야. 가장 중요한 것은 내 마음을 보는 것이었어. 너는 이 사실을 지금이나마 깨닫고 네가 하고 싶은 대로 살았으면 좋겠어.

지금의 나는 지금이나마 이 사실을 깨닫고 아주 홀가분해졌어. 항상 따라다니면서 괴롭히던 과거의 기억이 이제는 떠오르지 않아. 죄책감이라는 감정이 모든 면에서 한계를 주었는지 지금은 알 것 같아. 전에는 화가 나서 화를 내도 죄책감이 항상 따라오고, 내 의견을 말해도 눈치가 보였어 이제는 이런 상황이 오지 않아. 항상 나보다는 남을 챙겼는데 지금은 이때까지 잊어왔던 '나'를 다시 찾고 있어. 정말 나의 인생을 사는 것 같아.

이 편지를 읽고 도움이 되었으면 좋겠어. 힘든 상황을 극복하고 하루하루를 즐겁게 살기를 바라.

2018년 8월

From. 17살의 은정

C:25 M:0 Y:80 K:5   C:100 M:80 Y:0 K:70   C:0 M:0 Y:0 K:5   C:0 M:20 Y:25 K:0

굴 탈출

차승현

굴을 탈출해야 한다.

지긋지긋한 시험 수행평가 과제 동아리 교내대회 아직 2년도 안됐지만 빨리 이 굴을 벗어나고 싶다. 이 굴의 끝에는 나이의 앞자리가 바뀜과 동시에 고등학교를 졸업하게 되고 새로운 학교로 진학하게 된다.

이 굴의 종착점에 도달하기 전까지 자신의 장래희망에 관해서 교내대회와 동아리와 세부능력특기사항을 준비해야 한다. '시험'이라는 다른 것들 보다 큰 장애물이 존재한다. 이 장애물에서 모두를 제치고 선두를 점해야 내가 원하는 탈출구를 수월히 찾을 수 있다. 이 장애물을 손쉽게 거치기 위해서 엄청난 노력을 해야 한다. 자신의 노력이 수로 환산되어 결과가 도출이 되고 이 결과로 자신의 탈출구를 찾아야 한다.

그러나 이 탈출구를 2년 6개월 만에 찾아야 한다.

우리는 이 탈출구를 발견하기를 강요당하고 있고 2년 6개월 이라는 시간 내에 앞으로 남은 자신의 인생의 해답을 찾아야한다. 장애물들도 수없이 설치되어 있기에 탈출구를 찾는 일은 순탄치 않다. 굴의 탈출구를 찾는 일이 견디기 힘들 정도로 괴로워 '자퇴'라는 탈출구를 선택하는 사람도 존재한다.

그렇지만 사회에서 인정받는 지위를 가지고 싶다면 어떻게든 이 굴을 탈출해야 한다.

나는 지금 탈출구를 찾는 중이다.

내가 안전히 탈출하기를 바라며 나는 오늘도 굴을 탈출하기 위해 애를 쓴다.

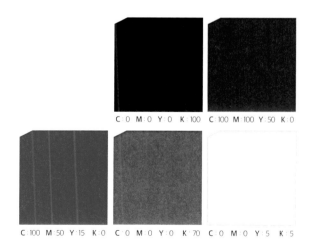

C : 0 M : 0 Y : 0 K : 100   C : 100 M : 100 Y : 50 K : 0

C : 100 M : 50 Y : 15 K : 0   C : 0 M : 0 Y : 0 K : 70   C : 0 M : 0 Y : 5 K : 5

모래사장 위의
한 갈매기

조미경

바다에 가고 싶다. 여름 바다가 보고 싶다.

낮에 보는 맑은 바다보다는 분위기 있는 밤에 보는 적막한 푸름이 더 좋다. 한밤, 네온사인에 비쳐 불그스름한 색으로 물결을 가꾸는 바다가 떠오른다. 밑으로 내려가면 사람이 우글거리는 도시, 섞이는 말소리, 인위적인 경적과 **빽빽**한 건물.

바다를 생각하면 머리가 투명해지는 기분이다. 덜도 말고 더도 말고 딱 그것만 생각난다. 그리고는 말로 형용할 수 없는 느낌도 따라서 온다. 그 감정이 무엇인지는 나도 잘 모르겠다. 감수성이 뛰어난 편이라면 그런 쪽이었다. 어릴 적에는 하늘만 보면 가슴이 먹먹해지곤 했다. 그러나 이상하게도 하늘을 보면 재채기가 나오는 징크스가 있어 분위기고 나발이고 다 깨먹을 때도 많았다. 지금에서야 그게 다 무슨 소용이 있겠냐마는. 여하튼 꼬꼬마 시절보다 나이를 조금 더 먹은 현재는 하늘을 봐도 그런 먹먹함이 사라졌다. 죽어가는

구나. 나는 그저 느낌만 기억할 뿐이다.

청량미 넘치는 오늘의 하늘 저 끝에 달린 산을 눈으로 등정한다. 저 밑에는 호수가 있고 그 아래에 바다가 있을 것이다. 끝이 보이지 않는 곳을 펼친다. 구성진 자연 속에 파묻혀있는 나를 그린다. 잔잔하게 가라앉는 기분이 든다. 마음속에 있는 낡은 상념이 대지르기 무섭게 사라진다. 고요한 곳에 홀로 서있다. 남쪽에 있는 바다는 잔정투성이. 오늘의 기분은 잔상투성이.

왜 바다에 가고 싶냐고 한다면 특별히 내놓을 대답이 없다. 나는 어릴 적부터 바다를 좋아했고 물에 빠져서 노는 것도 좋아했다. 겨울바다에 빠지는 것은 환영할만한 일이 아니지만 여름바다에 푹 빠져서 애정하는 사람들과 함께 날을 보내는 것은 기꺼이 즐길만한 가치가 있었다. 내가 아닌 다른 사람과 함께 바다를 보러 가는 것도 좋고 나 혼자 바다 위 모랫길을 걷는 것도 좋다. 그저 바다 자체를 좋아했다.

바다를 보면 무언가 응어리가 생기는 감정이 든다. 하늘을 볼 때와는 다르다. 하늘이 내게 넓은 마음을 가지게 한다면 바다는 내게 깊은 심연을 선사한다. 나는 그 안으로 들어가서 마음껏 울 수도 있고 웃을 수도 있고 남들이 들으면 비웃을 상상을 할 수도 있다. 그때마다 나는 매번 다양한 감정을 가지게 된다. 내가 바다를 좋아하는 이유는 여기에 있었다. 그것이 주는 고유의 감정들이 한데 모여 나를 바라보고 내가 그 감정들에게 손을 뻗을 수 있는 것. 하나의 장관이 다양한 감정을 선사해주는 것은 내겐 드물었으니까. 그래서였다.

C·40 M·0 Y·0 K·0   C·0 M·0 Y·0 K·0   C·0 M·0 Y·15 K·0   C·15 M·0 Y·5 K·0

열등감 없애기

정서희

어느 책에서 열등감에 대해 본 적이 있다. 부모조차도 자식에게 열등감을 느낀다고. 이 책을 보고 깨달은 것은 열등감은 못난 사람만 느끼는 것이 아니라 누구나 느낀다는 것이었다.

나는 열등감이 넘치는 사람이다. 남보다 못하다는 생각이 들면 혼자서 그 사람과 나를 비교하면서 이기려고 하고 질투하고 못난 생각들을 한다. 그때마다 그런 내 자신이 너무 싫지만 열등감을 멈출 수는 없었다.

특히 성적이 나왔을 때 심했다. 내 성적과 라이벌로 생각하던 친구의 성적을 비교해보며 혼자 열등감을 느끼다가도 내가 이긴 과목이 있기라도 하면 괜히 뿌듯해서 웃는 내가 굉장히 추해 보이고 더러워 보였다. 그까짓 열등감 하나 때문에 친구를 열등감 대상으로 두고서 마음껏 시기 질투 했으니 말이다. 그때부터였다. 내가 비교를 안 하려던 것은.

열등감 때문에 힘들던 나는 열등감을 멈추는 방법을 이리저리 알아보았지만 원하는 답이 나오지를 않았고 열등감 때문에 스트레스를 심하게 받고 있던 나라서 결국은 나 자신에 맞는 해결책을 찾아야했다. 그래서 고민 끝에 찾아낸 해결책은 비교를 안하기였다. 모든 열등감의 큰 원인은 바로 비교였다. 남과 나를 계속 비교하면서 부러워하고 질투하는 것. 이게 바로 열등감의 가장 큰 원인이자 원동력 이였다.

애초에 비교를 안하면 되지 않을까 하며 남과 최대한 비교를 하지 않았다. 남들이 나보다 훨씬 잘나도 나는 나고 저 사람은 저 사람이니까 당연히 잘 하는게 다르다며 나 자신을 타이르고 잘 하는게 있으면 나 자신을 칭찬해주었다. 비교를 안하게 되니까 나의 장점도 찾게 되고 나를 사랑하는 법을 배우게 되었다. 이로써 열등감이 눈에 띄게 줄어들었다.

열등감을 다른 이들과 비교를 하지 않고 나를 사랑함으로써 나는 이겨냈다. 가끔은 나를 사랑하는 방법도 먹히지 않을 때가 있었다. 마음이 약해져서 또다시 남과 나를 비교하며 나 자신을 미워하기도 했다. 그때마다 나를 붙잡아 준 것은 장점찾기였다. 장점을 하나씩 적었다. 적을 게 없어도 별것도 아닌 장점도 모두 다 적었다. 그렇게 나를 누구보다 특별하다는 것을 깨우치게 만들었다. 나는 나로서 소중한 것이라는 걸 깨닫고 나면 열등감이 사라지고는 했다.

열등감을 느끼면서 나는 많이 발전했다. 이 감정을 이기는 과정에서 나는 나를 사랑하는 방법을 배웠고 나의 장점을 찾을 수 있었다. 또한 내가 나의 존재 자체로써 소중하다는 것도 말이다. 많은 사람들이 열등감을 느끼며 살고 있을 것이다. 그때마다 힘들어하기보다는 자신에게 맞는 해결책을 찾아서 열등감을 없애주는 것도 하나의 좋은 방법인 것 같다.

C:25 M:0 Y:0 K:10　C:100 M:0 Y:0 K:100　C:0 M:5 Y:85 K:0　C:0 M:60 Y:25 K:0

시선 혹은 위선
20℃

차승현

사람은 모든 사람들에게 사랑받기는 힘들다.

사람들은 개인적인 관점, 성격, 의견이 모두 다르기 때문이다.

예를 들면 스타들이 있다.

스타들은 만인에게 사랑받기 위해서 끝없는 이미지 관리를 하고 자기관리를 하지만 그에 상응하는 악플러들은 존재하기 마련이다.

스타에 비해서 턱없이 모자란 자기관리, 이미지 관리, 외모 관리를 하게 될 수밖에 없는 일반인들은 타인에게 주관적 평가를 얼마나 더 하향되어 받는지 상상해 보았나?

우리는 행동 하나하나를 조심히 할 필요가 있다.

사람들은 첫인상을 결정하는 시간은 많아야 8초라고 한다.

하지만 첫인상이 결정되고 난 후 그 사람의 행동에 따라 그를 바라보는 시선이 바뀌기도 한다.

'완벽한 사람'이 될 수는 없다.

하지만 '완벽한 사람이 되고 싶은 사람'은 될 수 있다.

노력을 하지만, 이미 안좋게 낙인찍힌 시선들로 인해 모든 행동이 위선적으로 보이기도 한다.

매사에 좋은 행동을 보이자.

자신의 성격을 고쳐서라도 말이다.

사람은 모든 사람들에게 사랑받기는 힘들다.

너무 좋거나, 너무 싫거나, 중립이거나.

너무 뜨겁지도, 너무 차지도 않은 딱 서늘한 20℃.

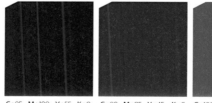

C : 95 M : 100 Y : 55 K : 0   C : 90 M : 85 Y : 45 K : 0   C : 100 M : 40 Y : 5 K : 0

못나도 괜찮아

장은정

난 공부를 중2 때부터 시작했다.

그전에는 성적이 그럭저럭 학년 평균점수에 가까웠고 더 좋은 성적을 받으려고 하지는 않았다. 근데 갑자기 꿈이 생겨서 공부하기 시작했는데 당시에는 독서실, 도서관도 다니면서 겨우 친구들을 따라잡을 수 있게 되었다. 내가 갑자기 공부를 시작하니 집에서는 기대를 걸기 시작했고, 난 처음으로 부담이라는 것을 느끼게 되었다. 이 부담이 나중에는 스트레스로 번져 중2 후반에 가장 힘들었던 것 같다.

여기서 참 웃긴 게 부모님의 사랑이 나에게 기대, 부담으로 해석되어 들어왔다는 것이다. 이 잘못된 해석이 나를 힘들게 했고, 무엇이든 잘해야 한다는 압박으로 나타났다. 사실은 딸에게 보내는 응원과 관심인데 말이다.

나는 당시 뒤처졌다는 스트레스가 있었는데 이 문제가 나에게 큰 압박이 되어 주변에서 들리는 모든 말이 나를 비난하는 듯 들렸다. 외적보다 심적으로 힘든 것이 더 고통스럽다는 것을 알게 된 시기였다.

이 시절에 감정 관련 강의를 접하게 되었다. 당시에는 소용이 없는 듯했지만 지금의 나를 만들어주는 중요한 강의였다. 이 강의는 나의 내면을 돌아보게 해 주는 일상생활에서 접하기 어려운 강의였다. 강의를 통해서 내 스트레스의 원인을 찾게 되는 계기가 되었다.

그 당시 나의 스트레스는 언니보다 뛰어나고 싶은데 그렇지 못한 좌절로 온 것이었다. 겉으로는 드러나지 않지만 아주 깊숙이 자리 잡은 어린아이는 공부 잘하는 언니에게 모든 관심이 갔다고 생각했다. 부모님의 사랑이 한쪽으로 쏠렸다고 생각한 것이었다. 사실 부모님은 모든 아이를 사랑한다. 하지만 아이는 그렇게 받아들이지 못한다. 이 사실이 나를 괴롭혔다는 것을 알아차리면서 나의 모든 행위가 잘 보이고 싶어서 했다는 것이 드러났다. 드디어 필터가 벗겨진 것이다.

이제는 언니보다 잘나야 하는 이유를 찾지 못해 부담과 스트레스가 사라졌다. 그 대신 다른 사람들에게 어떻게 해야 도움을 줄 수 있을까? 하는 자발성이 생겨났다. 확실히 이 마음가짐이 나를 힘차게 나아갈 수 있게 하며 행동의 동력이 되었다. 나의 행동은 관심받기 위해서가 아닌 즐거운 것, 행복한 것을 추구하는 삶으로 바뀌었고, 나에게, 타인에게 더 많은 행복을 주고 싶어서 살아가고 있다.

나를 사랑하는 마음이 있어야 다른 사랑들이 보이고 나도 나누어 줄 수 있다는 것을 깨달았다. 불안과 스트레스를 해소한 과거의 경험이 더 큰 나를 알아차리게 해 주어 정말 감사하다.

C 0 M 15 Y 10 K 0   C 5 M 30 Y 5 K 0

part 2

미움,
우울감,
외로움,
좌절감,

실망스러움,
서운함,
그리움

우울감을 숨기기 위해 자신을 꾸며낼 필요는 없다.
그대로 자신을 사랑해도 된다.
우울감은 온전히 자신의 몫이다.
어떤 선책을 할 것인지도 말이다.

- 본문 중에서

미운
우리 새끼

이아영

매번 보기만 하면 서로 잡아먹지 못해 안달 난 천적처럼 동생과 나는 하루가 멀다 하고 싸운다. 하루도 집안이 조용한 날이 없고, 잘 지내다가도 싸우는 게 진절머리가 날 정도이다. 크고 나서는 철이 들 줄 알았는데, 영원히 그런 일은 없을 것 같다. 동생 녀석이 어릴 때는 귀엽기라도 했는데, 지금은 몸만 컸지 전혀 귀여운 구석이 없다. 그렇게 싸울 때마다 사과를 하지 않는 동생이 미웠다. 자기는 잘못 없다며 더 큰소리를 치고 되레 나를 이상한 사람으로 만들었다.

계속 이런 상황이 반복되다 보니 나도 집에선 말이 자꾸 없어지는 느낌이 들었다. 내가 말을 걸지 않으면 아예 대화할 일이 없었고 그렇게 동생 간의 대화는 줄어갔다.

그래서 한동안 말을 거의 하지 않은 적이 있었다. 나 혼자 그런 건지 오히려 부딪히지 않아 감정 소모할 일이 없어서 좋기도 했는데, 한편으론 답답하기도 했다. 동생이 지금 배짱을 부리는 건가 싶었다.

말다툼이 날 때마다 항상 엄마께서 나만 참으라고 하시니 더 답답했다. 속으론 내가 첫째로 태어나고 싶어서 그런 게 아닌데, 억울하단 생각이 들었다. 친구들과 오랜만에 만나면 동생들 얘기를 하는데 다 남동생이 있어서 그런지 집안 사정이 다 비슷비슷했다. 서로 있었던 일을 얘기하고 나면 진짜 속이 후련하고 전보다 속에 묵혀뒀던 화가 풀려서 그나마 친구들 덕분에 참을 수 있었다.

내 동생은 나랑 대화를 할 생각이 없어 보였다. 아는 체도 하지 않고 방문만 꾹 닫아서 가족생활도 거의 단절된 채 지냈다. 이렇게 살다간 남남이 될 것 같아 내가 답답해서 먼저 말을 꺼냈다. 언제 어디로 튈지 모를 불꽃 동생이 철 좀 들었으면 좋겠다. 가끔 동생이 형이 있으면 좋겠다고 하는데, 그 말이 되게 서운하게 느껴진다. 나름 형 부족함 느끼지 않게 열심히 놀아줬었는데, 돌아오는 건 이런 말뿐이었다.

이 녀석이 고등학교 올라오고부터 키가 쭉쭉 크더니 어느새 나보다 훌쩍 자라 있었다. 듬직한 동생이 되길 바랐는데 어쩌다가 작은 사고를 치고 다녀서 학교에서 연락이 올 때마다 심장이 쿵 하고 떨렸다. 사춘기를 태풍 몰아치듯 겪어서 그런지 나도 후유증에 걸린 것 같다.

동생과 싸우고 이런저런 마음을 말할 데가 없어서 속상한 일이 있을 때 글로 적어서 내 마음을 정리하곤 했다. 그리고 그 종이를 쓰레기통에 버리며 같이 그렇게 마음을 내 비웠다.

　　주변에서 남동생이 같이 자랄 땐 힘들어도 나중에 커서는 힘이 많이 된다고 한다. 지금 보면 잘 모르겠다. 뭐든 제멋대로인 내 동생이 자기 앞가림만이라도 잘했으면 하는 바람이다. 앞으로 사회생활을 하면 더 얼굴 보기 힘들 텐데, 볼 시간만이라도 싸우지 말고 잘 지내고 싶은 마음이다. 동생이 이런 내 마음을 조금이라도 알아주면 좋겠다.

C:0 M:25 Y:15 K:0　　C:0 M:15 Y:100 K:0　　C:0 M:30 Y:0 K:0

화(火)의
원인을 찾아서

장은정

나는 분노(화, 火)가 자주 올라왔다.

엄마가 약속을 지키지 않았을 때, 내 마음대로 되지 않을 때, 나의 무능력함을 알아챌 때 등. 나에겐 화를 일으키는 상황이 많이 있었다.

그중 엄마가 나를 자주 화나게 했다. 그럴 때마다 난 문을 잠그고 방에 들어가거나, 화를 내고, 밥을 먹지 않는 등 당시 기분을 많이 표현했다. 화를 내면 낼수록 힘에 부치는 나를 발견하면서 화도 활력이 넘치는 사람만 할 수 있다는 것을 점점 알게 되었다. 정말 허무한 기분이 들었다. 내가 왜 화를 냈는지 생각을 해보면 정말 별 것 아니었다. 치킨을 사 왔는데 소스가 없어서, 안내장에 사인을 해 주지 않아서… 당시에는 정말 사소한 것이 나를 화나게 했다.

당시의 사건은 사소했는지 모르지만, 사실 난 단지 그 사건 때문에 화를 낸 것이 아니었다. 나의 의견이 무시되는 느낌을 받았고, 내가 요구하는 것들을 또는 나와의 약속을 지키지 않는 모습을 보고 화가 난 것이었다. 그렇다면 나의 존재가 무시 받는 상황에서 화가 난다고 하는 것이 맞는 표현일 것이다.

'내가 화를 표출함으로 내가 무시 받았다는 것을 알리고 싶어 화를 냈나?'

사실 내가 진정으로 하고 싶은 말은 치킨 소스가 마음에 들지 않는다는 것이 아니라 상대방의 태도가 나를 불편하게 해서 사과해달라는 의미였던 것 같다. 하지만 내가 화로 표현해서 사과가 오는 일은 없었다. 왜냐하면 화는 화를 불러오기 때문이다. 내가 낸 화에 상대방이 또 상처를 입어 그도 화를 내면서 싸움으로 번지게 된다. 그리고 웃기게도 난 화를 내고 나서 '굳이 화를 낼 필요가 있었을까?' 하고 자책한다.

그렇다면 이 악순환을 어떻게 해야 끊을 수 있을까?

이 질문의 답을 한다면 간단하게 '화를 안 내면 된다'라고 생각한다. 하지만 화를 내지 않기가 쉽지 않아서 여기까지 왔기 때문에 화의 근본적인 뿌리 찾기를 시도해 보았다. 이것이 바로 '핵심감정'이라고 할 수 있다.

하나씩 기억을 더듬어 보았다.

아주 어릴 때 "언니는 사주고 왜 나는 안 사줘!" 하고 소리치면서 울었던 기억이 났다. 이때 어린 나는 존재를 무시 받은 느낌을 받았고, 나의 존재를 알리기 위해 화를 내는 방법을 선택했다. 그런데 정말로 내가 차별받았을까? 아니면 그렇게 해석한 것일까?

수많이 배려를 받아왔지만 그 단 한 번의 기억으로 엄마를 나를 무시하는 모습으로 왜곡해 왔다는 것을 깨달았다. 이것을 깨닫자 갑자기 정말 허무하게도 더 이상은 화를 낼 이유가 사라져 버렸다. '상대방의 배려에 초점을 맞출 것인가', '무시 받은 느낌에 초점을 맞출 것인가' 이것이 화의 원인이었다.

화의 원인을 찾고 나서 나에겐 큰 변화가 생겼다. 무시 받는 느낌 때문에 상대방 특히 엄마의 말을 끝까지 들어주지 못했는데 이제는 진심으로 들어줄 수 있게 되었다. 지금에서야 소통하고 있다는 느낌을 받고 있다. 소통이 되니 협동이 된다. 개인을 넘어서서 모두를 바라보고 있다는 느낌이 든다.

C:0 M:0 Y:40 K:80   C:80 M:0 Y:0 K:85   C:0 M:5 Y:0 K:85

용기를 가져봐

정서희

To. 20살의 나

안녕 미래의 나?

나는 17살의 너야. 지금쯤 사회에 이제 막 들어간 너는 조금 힘들 거야. 그치? 어른이 되었다는 압박감과 대학이라는 스트레스가 널 힘들게 하겠지.

항상 누군가에게 사랑만 받아왔지 미움을 받아본 적 없고, 다른 사람에게 무언가 너의 주장을 내세운다든지 거절을 잘 못 하는 편이잖아. 혹시나 그들이 싫어하거나 미워할까 봐 겁이 나서.

근데 있지. 나는 네가 과거의 너를 떠올리면서 해결책을 찾고 용기를 얻었으면 좋겠어. 예를 들면 현재의 나, 즉 17살의 널 떠올려봐. 지금의 나는 미움을 가끔 받기도 해. 나와 의견이 다른 사람들과 살아가면서 미움을 받지 않는다는 것이 쉬운 일은 아니잖아. 그때마다 내가 미움받기 무섭다는 이유로 나를 굽히면서 살 필요는 없는 거 같아.

나는 당당하게 내가 하고 싶은 말은 하고 내 주장은 내세우면서 사는 편이야. 이게 과하면 좀 문제지만 상황에 따라서는 내가 할 말은 꼭 하면서 내 의사를 분명히 하는 것도 좋은 방법인 것 같아. 어정쩡하게 내 의사표현도 정확히 하지 못하고 다른 이들의 의견에 한마디도 못 하고서 있는 건 너무 비참하고 슬프잖아.

적어도 내 인생은 내가 하고 싶은 대로 살아야 한다고 생각해. 그러니까 가끔은 미움을 받고 욕을 들을 각오도 해가면서 자신의 의견을 마음껏 펼쳐야 한다고 나는 생각해. 그리고 무조건 나와 의견이 다르다고 해서 사람들이 너를 미워하지는 않아. 생각해봐. 어디 팀을 짜서 활동할 때 나와 다른 의견의 친구가 나타나면 무조건 싫지는 않잖아. 그저 의견을 내는 게 기특할 따름이지. 안 그래? 그러니까 일어나지도 않은 일에 너무 겁먹지 말고 해야 할 말은 꼭 했으면 좋겠어.

또 누군가 기분 나쁜 행동을 하거나 나를 괴롭히면 그것 또한 싫다고 말할 줄 아는 습관을 들였으면 좋겠어. 그 사람을 속으로 욕해봤자 그 사람에게는 들리지 않아. 그리고 그 사람은 자신의 행동이 어디가 잘못되었는지 지적해 주지 않으니까 모르고 계속 남에게 피해를 주게 되고… 이건 악순환을 가져다줄 뿐이야. 그러니 다른 사람에게 싫다고 명확한 의사표현을 하는 습관을 들이면 네가 앞으로 사회생활을 하는 데도 많은 도움이 될 거야.

힘내! 앞으로 더 미움, 시기, 질투를 받을 수도 있어. 하지만 그때마다 '미움받을 용기'를 가지고 너의 상황에 맞게 할 말을 하며 살아갔으면 해.
17살의 내가 20살의 널 응원할게!

2018년 6월
From. 17살의 나

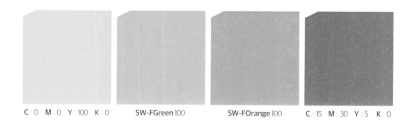

C : 0 M : 0 Y : 100 K : 0   SW-FGreen 100   SW-FOrange 100   C : 15 M : 30 Y : 5 K : 0

센치해

이아영

밤 12시.

학원을 끝내고 힘들었던 하루 일과를 마무리하는 시간. 하루 중 제일 원하는 시간이기도 하면서 가장 허무하기도 한 시간이다. 집에 돌아와서 제일 먼저 하는 것은 폰 만지작거리는 것이었다. 매일같이 '5분만 더 폰 하다가 씻자'라는 생각이 가득 차서 몸은 마음대로 움직이지 않는다. 지쳐버린 몸과 마음을 SNS에서 위안을 얻으려고 했었던 건지도 모르겠다.

고등학교에 올라와서 생각 없이 무턱대고 먹다가 그게 쌓이고 쌓이다 보니 어느새 몸무게는 인생 최고 몸무게를 찍고 있었다. 다이어트를 하려고 저녁 한 끼를 두유와 선식으로 버텼는데, 정신적으로 스트레스도 받고 달라진 것도 없는 것 같아서 화도 났고 삶이 억압받는 것 같았다. 우울하기도 하고 자신감이 없어진 것 같아 의지력도 많이 약해져 힘들었다.

시험 끝나고서도 이런 느낌을 받았던 것 같다. 이런 느낌은 맛있는 음식을 먹거나 어디를 놀러 간다고 해서 금방 풀리는 것이 아니다. 빨갛고 뜨거운 불이 타고나서 남는 건 재밖에 없듯이 시험이라는 목표를 위해 공부를 하다가 시험이 끝나고는 하얗게 남은 나만 된 것 같았다.

하지만 나름 이 센치한 느낌은 평소보다 좀 더 감성적이고 약간 우울한 그런 느낌이라 깊은 생각에 잠길 수 있어서 나에게 집중하는 느낌이 들어 그렇게 나쁘지는 않은 것 같다.

이럴 때마다 위축될 수 없어서 기분을 풀어주는 방법을 생각해봤다. 일단 몸이 피곤하면 사람이 더 우울해질 수 있기 때문에 먼저 잠을 푹 자고 생각하는 것이다. 나를 힘 빠지게 하는 것으로부터 피할 수 있다면 최대한 멀어지려 노력해보는 것도 도움이 될 것 같다. 만약 공허한 맘을 채우려 폰을 자꾸 들여다본다 한들 폰을 꺼놓는 순간 다시 찾아오는 것을 느낀다면 폰 없이도 나는 잘살 수 있다고 믿고 행동하는 것이다.

우리가 느끼는 감정은 유한하다. 행복하다가도 불행해질 수 있고 불행하다가도 행복해질 수 있다. 그러니 지금 이 순간 열정적이되 절제해야 한다는 생각이다. 놓아 줄 수 있는 것. 그것이 절제라고 생각한다. 절제하라는 말이 너무 막연하다면 이 또한 지나간다고 생각하는 게 이해하는데 쉬울지 모르겠다.

　너무 깊게 파고 들어가면 자신만 힘들어질 뿐이다. 감정의 골이 깊어지는 만큼 헤어 나오기 쉽지 않으니까 말이다.

　'이 또한 지나간다!' 당연한 말이지만 지나고 나면 정말 그렇다. 너무 그 순간에 빠져있기보다는 나아질 미래를 생각해보자. 지금 힘든 만큼 다 나중에 돌아올 것이라고 믿고, 좋은 게 좋은 거니 힘든 나를 괜찮다고 위로할 수 있는 용기를 가져보자!

C:0 M:0 Y:0 K:50　　C:0 M:20 Y:0 K:0　　C:0 M:100 Y:0 K:65　　C:0 M:20 Y:0 K:25

비 오는 날

정서희

비 오는 날에는 항상 기분이 가라지는 것 같다. 날씨 때문에 더욱 축 처져있다. 그래서 비 오는 날이면 슬픈 노래만 찾아 듣고는 한다.

사람들은 비 오는 날이 별로라고 그런다. 눅눅하고 습하고 우울해서 별로라고 그러더라. 그런데 그런 기분 축 처진 날이 나는 좋다. 오히려 맨날 행복하고 기쁜 감정들을 느끼는 것보다 어쩌다 한 번씩 비 오는 날 손님처럼 찾아오는 우울함이라는 감정이 나를 새롭게 해준다.

똑같은 일상 속에서 억지로 웃어야 할 때마다 가끔씩 나를 쉬게 만들어주고 내 감정들을 솔직하게 들여다볼 수 있는 시간을 만들어주는 게 기분이 축 처지는 비 오는 날이라서 나는 그때마다 오는 우울감이 좋다.

기분이 축 처지는 비 오는 날이면 모든 것을 나도 모르게 부정적이게 받아들인다. 하지만 이 또한 좋다. 항상 모든 것을 긍정적으로 받아들이려고 하는 것도 가끔은 한계가 오는데 그때마다 잠깐이라도 부정적으로 사는 것도 나름의 쉬는 방법인 것 같다. 매사에 긍정적일 수는 없으니까. 이렇게 내가 한계가 올 때마다 나를 한계에서 벗어나게 해주고 지금의 나를 있는 그대로 볼 수 있는 시간이 바로 이런 날이다.

비가 그치고 나면 해가 뜨는데 그것처럼 기분이 꿀꿀한 것을 잠시 느끼고 나면 다시 평소처럼 지내는 게 또 좋다.

내가 다른 사람들처럼 기분이 축 처지는 날 때문에 힘들어 본 적이 없는 것은 '휴식 같은 기분'이라고 생각해서 그런 것이 아닐까 싶다. 그런 꿀꿀한 기분 때문에 힘든 사람들에게 그런 날은 절대 나를 힘들게 하는 날이 아니라 나름 바쁜 일상 속에서 잠깐 벗어나서 모든 것을 잊고 나를 돌아보게 해주는 것이라는 걸 알려주고 싶다. 나 또한 예전에는 그런 날이 싫었으나 이렇게 반갑고 고마운 느낌이라는 것을 깨닫고 나서는 더 이상 비 오는 꿀꿀한 날이 싫지가 않았기 때문에 더욱 알려주고 싶다.

C 0 M 90 Y 100 K 0 C 50 M 100 Y 95 K 0 C 50 M 55 Y 100 K 0

회색(Gray)

최은지

나는 가끔 우울해진다.

사실 가끔이 아니라 자주 우울해진다.

물론 나는 아주 밝은 사람이다.

아무 곳에서나 하트를 남발하고 사랑해란 말을 아무런 부끄럼 없이 내뱉는 사람이 바로 나다.

구김살 없는 아이 그게 바로 나다.

하지만 그런 나라도 가끔은 너무나도 깊은 우울감에서 빠져나오지 못할 때가 종종 있다.

살아가는 것이 매일 기쁜 일만 가득한 게 아니듯 밝아 보이는 사람도 우울해질 때가 있는 것이다.

아주 아주 당연한 것인데 종종 사람들은 그것이 안중에도 없다는 듯 "네가 무슨 우울이야~"라면서 한없이 남의 우울을 깎아내린다.

누구도 남의 우울을 깎아내릴 수 있는 자격은 없는데 자기가 뭐라도 된 마냥 "예전에 나는 너보다 더 한 일도 겪었어~"라는 말을 남발하면서 말이다.

그러면 아주 아주 밝은 나는 억지로 웃으며 고개를 끄덕일 수밖에 없다.

그 우울감은 언뜻 보면 사라진 것처럼 보이지만 전혀 그렇지 않다는 걸 어렴풋이 알고 있을 것이다.

우울감은 방치하면 방치할수록 썩어들어간다.

여름철 음식물 쓰레기같이 말이다.

음식물 쓰레기 비우는 것을 까먹고 여름휴가를 다녀온 집 마냥 마음속에도 비슷한 현상이 일어난다.

악취와 정체 모를 벌레가 가득한 음식물 쓰레기통처럼 마음이 썩어버리는 것이다.

쓰레기통은 버리면 되지만 마음은 그렇게 할 수 없다.

박박 씻고 문질러서 원래대로 돌려놓아야 한다.

그래야만 우리는 다시 제대로 살아갈 수 있다.

이 삶을 이 감정들을 그대로 느낄 수 있다는 말이다.

그렇기에 우리는 우울을 조절할 수 있는 방법을 찾아야 한다.

정확한 감정을 인지해야만 조절할 수 있다.

우울은 불가피하고 그것과 행복을 적절하게 조합할 줄 알아야 우리는 살아갈 수 있다.

하지만 명심해야 한다.
우울감을 숨기기 위해 자신을 꾸며낼 필요는 없다.
그대로 자신을 사랑해도 된다.

우울감은 온전히 자신의 몫이다.
어떤 선택을 할 것인지도 말이다.

원수냐
은인이냐

장은정

나에겐 집에서, 학교에서 필사적으로 사람들 사이에 끼고 싶어 애쓴 과거가 있다. 소외되는 느낌 아주 싫었다.

그때는 피하면 피할수록 싫은 일이 몰려온다는 것을 몰라서 소외를 겪지 않으려고 노력했었다.

중1 때였다. 그때는 중학교 입학이 너무 설레어 친구들도 많이 사귀고 싶었는데 여러 가지 일로 휩쓸리면서 중1을 보냈다. 나는 새로운 친구를 사귀는 것보다 오래된 친구를 더 중요하게 생각했다. 하지만 또래의 친구들, 그리고 나의 오래된 친구는 그렇지 않은 듯했다. 그러다 보니 새로운 친구, 오래된 친구. 이 두 부류의 친구들과 어울리게 되었지만, 서로의 생각이 다르기에 나는 점점 소외되는 듯한 느낌을 받았다.

이 나이대에는 가족보다 친구가 좋은 시기라고 하는데 난 그렇지 않았다. 바깥에서 친구들의 태도가 바뀌는 것을 많이 겪어서 변함 없는 가족들이 더없이 소중했다. 이때 소외됨을 크게 겪어서인지 또래 애들이 친구들과 사이좋게 지내는 모습을 보면 너무나 가식적으로 보였다. 내 인생 중 가장 우울하고 마음을 닫은 시기였다.

나의 오래된 그 친구와 정말 많이 싸웠다. 중1 때뿐만 아니라 초등학생 때부터 많이 싸웠다. 어린 나는 싸우면서 커야지 더 좋은 친구가 된다고 들어와서 싸울수록 더 좋은 친구가 된다고 생각했지만, 이 말은 서로 맞지 않는 우리를 강제로 붙여놓으려고 하는 좋은 말에 불과했다. 싸운다고 해서 서로를 더 이해하는 것은 아니었고, 싸움의 마지막은 항상 어영부영 넘어갔다. 그래서 깔끔하지 않고 뭔가 찝찝했다.

지금에 와서 생각해보니 나도 이기적인 부분이 있었고, 이해하지 않은 부분이 있었다. 아니 이해하려고 하지도 않았다. 당시의 나는 나의 잘못은 보지 않으려고 했고 항상 상대를 비난했다. 이것이 가장 큰 실수였다.

결국 예상대로 오랜 친구였던 그 아이와 다시는 만나지 않는 사이가 되었다.

시간이 흘러가듯, 모든 것은 자연스럽게 흘러간다. 나를 둘러싼 주위의 사람들도 자연스럽게 가까워졌다가 멀어지기도 한다. 억지로 붙들려고 해도 억지로 밀어내려고 해도 내 마음대로 되는 것이 아니라는 것을 자연스럽게 깨닫게 되었다.

내가 이 시절을 겪지 않았다면 이 깨달음이 오지 않았을 것이다. 이제는 소외되지 않기 위해 친절해지는 것이 아니라 그 사람을 존중하는 표현으로 친절해지려고 노력한다. 최대한 이해하려고 하고, 배려하려고 한다. 가끔은 이런 것이 잘 되지 않아 이기적인 모습의 나를 발견하기도 하지만, 그것을 계기로 나의 행적을 돌아보게 된다.

예전의 나 그리고 오래된 친구였던 그 아이는 각자의 해석 속에서 진심을 왜곡하고 서로를 대했다. 이제라도 그것을 알게 해준 한때는 원수였던 친구가 참으로 고맙다.

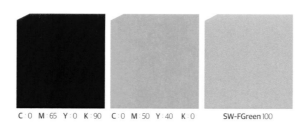

C:0 M:65 Y:0 K:90   C:0 M:50 Y:40 K:0   SW-FGreen 100

텅 빈 유치원

정서희

To. 7살의 나

안녕?

나는 10년이 지난 지금 17살이 된 나야.

너는 파란색을 싫어하지?

항상 일하느라 바빠서 하늘이 파란색에서 검은색이 될 때까지 엄마가 데리러 오지 않아서 너는 파란색을 볼 때마다 외롭고 텅 빈 유치원에서 홀로 있는 그 순간이 생각나서 싫을 거야.

나도 너처럼 처음에는 파란색이 싫었어. 무서웠거든.

혼자 있는 건 세상에서 가장 싫었고 맨날 멍하니 창문만 바라보며 엄마를 기다리는 게 나는 너무나 싫었어.

그런데 이렇던 내가 10년이 지난 지금 파란색을 가장 좋아해. 이 말은 즉 내가 외로움을 극복했다는 뜻이야.

사실 외로움은 내가 안 느끼면서 살 수가 없더라고….

살면서 꼭 한두 번이라도 사람은 외롭고 쓸쓸해. 그때마다 7살 어린 너를 떠올리며 슬퍼하는 건 정말 감정 소비가 심하더라고. 그래서 거의 10년이 걸리기는 했지만 나는 이제 외로움이 더 이상 두렵지 않아.

이유는 간단했어.

외로움을 느끼고 나면 항상 다른 사람과의 관계가 소중해지잖아? 너로 따지면 엄마의 소중함을 깨닫게 되는 것처럼 말이야. 항상 외로움 뒤에는 사람과의 관계의 소중함을 깨닫게 돼. 그리고 홀로 있는 순간보다 다른 사람과 함께 있는 순간이 더 즐겁다는 것도 깨닫게 되지.

내가 하고 싶은 말은, 외로움을 느끼는 그 순간에는 힘들고 슬플지도 몰라. 하지만 외로움 뒤에 찾아오는 깨달음이 중요하다는 것을 난 알게 되었어. 이 깨달음 덕에 나는 성장할 수 있었고 성숙해졌어. 그러니 나에게 외로움은 슬픈 감정이 아닌 성장의 감정이 된 거야.

'7살의 나야!

나는 이제 네가 파란색을 볼 때마다 외로움을 떠올리며 두려워하지 않았으면 좋겠어. 지금의 나는 이미 많이 커버렸고 외로움에 대해 깨닫기도 전에 익숙해져 버린 감정이지만 너는 나보다 훨씬 빨리 깨닫고 외로움이란 감정이 주는 두려움에서 벗어났으면 좋겠어. 어린 나이에 계속 두려워할 수는 없잖아? 항상 웃어야 하는 나이인데 말이야.

　나는 7살의 나를 응원해. 지금은 이 편지를 이해하지 못 할지도 몰라. 하지만 조금이라도 빨리 이 편지를 이해하고 네가 외로움을 성장의 감정이라는 것을 알고서 능숙하게 살았으면 좋겠어. 그럴 때까지 나는 너를 항상 응원할게.
　안녕, 7살의 나야.

2018년 6월
From. 17살의 나

C:0 M:0 Y:0 K:60　　C:100 M:90 Y:10 K:0　　C:100 M:5 Y:10 K:0　　C:0 M:50 Y:15 K:0

소중함을
잃지 않기

정서희

학교를 갔다 와서 집에 들어갔을 때 아무도 없는 것. 항상 내 옆에서 떠들던 친구가 없는 것. 이런 것들은 나에게 공허함을 안겨준다. 익숙하던 것이 없어졌을 때 가장 공허함을 많이 느끼는 것 같다. 익숙함에 속아 소중함을 몰라서 그것이 없어져야지 그제서야 소중함을 알게 되는 것 같다. 그러고 나면 참으로 허무하고 공허하다.

공허함은 어쩌면 외로움과 비슷한 말이 아닐까하는 생각도 든다. 공허함을 느낀다는 것은 곁에 아무도 없고 텅 빈 듯, 외롭다는 것이니까 비슷한 말이 아닐까?

초등학교 4학년이 막 되었을 무렵, 나는 처음으로 이 감정을 느꼈다. 학교를 마치고 집에 가면 아무도 없는 것이 익숙한 광경이지만, 그날은 유독 더 휑하게 느껴졌다. 공허함이라는 단어를 알지도 못했지만, 느낌으로는 그때의 감정이 공허함이었던 것 같다.

그렇게 초등학생 시절이 지나갔고 중학생 때는 이런 느낌을 느낄 새도 없을 줄 알았다. 항상 친구들과 떠들고 노느라 바빠서 곁이 공허할 틈조차 없었기 때문이다.

그러던 어느 날이었다.

친하게 지내던 친구와 크게 싸웠고 사이가 좋아질 기미는 보이지 않았다. 그래서 살면서 처음으로 혼자 다녔는데 그때 아주 오랜만에 이 감정을 느껴보았다. 매일 옆에서 나와 함께 놀며 떠들던 친구들이 순식간에 없어지니까 사람의 소중함도 느껴졌다. 그리고 뭔가 텅 빈 듯한 공허한 감정을 느끼니 괜히 울컥하고 슬펐고 외로웠다. 우주에 나만 남겨진 느낌이었다. 그래서 나에게 공허함은 외로움의 또 다른 말이다.

나에게 있어서 외로움은 누군가가 곁에 있어 주기를 바라게 되는 감정인데 공허함은 외로움과 이 부분에서는 조금은 다르다. 공허함을 느끼면 그저 '아, 곁에 아무도 없네. 되게 허전하다.'라고 느끼게 되는데 그때 뭔가 모를 감정이 올라오면서 조금 허무하다. 항상 곁에 있고 너무 익숙해서 잘 모르던 것이 없어지면 이런 감정이 느껴지는데 상황에 따라 멍해지기도 한다.

외롭고 텅 빈 이 느낌은 가끔 깨달음을 주기도 한다, 사람과의 관계 면에서. 항상 티격태격하고 죽기 살기로 싸우는 친구가 갑자기 없어지면 괜히 공허하고 허무함을 느낀다. 이때 나는 깨닫는다. '아 내가 그 애를 싫어하지 않고 오히려 없으면 보고 싶어 하구나' 하고 말이다. 이렇게 이런 감정은 나에게 허무함도 주지만 관계에 대해 깨달음을 주기도 한다.

사람들은 나처럼 없어지고 나서 공허함을 느끼고 소중함을 깨닫지 말고 익숙함에 속아 소중함을 잃지 않기를 바란다.

C:0 M:5 Y:0 K:0   C:0 M:15 Y:0 K:40   C:0 M:100 Y:100 K:0   C:100 M:50 Y:55 K:0

불행을
벗어나다

정서희

누구나 살면서 불행한 순간은 있다. 힘들고 지치고 그런 순간들이 꼭 있다. 그 당시에는 버티기 힘들고 끔찍한 순간일지는 몰라도 나중에는 하나의 추억이 되고 훗날 비슷한 상황이 벌어지면 해결책을 주는 순간이 된다.

어쩌면 살면서 필요한 감정 중 하나가 불행일지도 모른다. 하지만 이 감정을 느끼는 순간 이기지 못하고 계속 힘들어만 한다면 우리는 절대 불행한 이 순간이 좋은 추억이 되고 미래의 나에게 해결책이 되어주지 못한다. 불행을 이겨내는 것은 우리에게 주어진 숙제인 것 같다.

불행이 어떻게 추억이 되는지 궁금했었다. 최근 들어서 더욱 그랬다. 가끔 불행했지만 좋았던 그 시절로 돌아가고 싶다는 생각을 한다. 중학교 1학년, 한참 친구들과 사이가 좋지 않던 시절이다. 하지만 돌아가고 싶었다. 그 당시의 불행하다고 생각하던 순간들이 미화되어서 좋은 추억거리만 만들어져 나에게 떠올려졌기 때문이다. 막상 돌아가면 힘들다고 현재로 돌아가게 해달라고 할 거면서 말이다. 그때 깨달았다. 불행하던 순간마저도 행복해 보이는 것은 기억의 미화가 아닐까. 그래서 우리에게 불행했던 순간도 웃으면서 말할 수 있는 추억거리가 되는 것이 아닐까 하고 말이다.

하지만 불행이 추억을 곱씹는 계기가 되어주는 것 말고는 우리에게 전혀 도움이 되지 않는다. 힘들다. 이 감정이 나에게 찾아올 때 무척이나 힘들다. 우리가 불행을 피하지 못하고 부딪힐 때마다 겨우겨우 버티며 살아가는 것은 이 또한 지나가고 또 하나의 추억이 될 거라는 믿음과 이후에 다시 올 행복을 믿어서인 것 같다.

불행은 전혀 도움이 되지 않는다고 생각했다. 하지만 거기서 버티고 버티는 이유를 내 친구가 깨닫게 해주었다. 불행해도 그 이후에 이 또한 지나가고 추억이 되니까 무너질 것 같아도 아슬아슬하게라도 버티는 것이 아니냐고. 그 친구에게 참으로 고맙다. 그 말 덕에 내가 왜 힘든 상황 속에서도 살아가는지 깨닫게 되었으니까.

모든 것이 힘들어도 살아가는 이유를 불행 덕에 어느 정도 깨닫게 되었다. 앞으로 불행과 계속 공존해야 할 텐데 열심히 살았으면 좋겠다. 불행은 나에게만 오는 것이 아니라 모두에게 오는 것이니까 혼자만 힘들다고 생각하지 말고 힘들어하지 않기를 바란다. 내가 버티는 이유를 생각하며 살다 보면 언젠가는 불행 속에서 벗어날 것이다.

C 65 M 100 Y 0 K 55   C 0 M 20 Y 0 K 5   C 0 M 0 Y 0 K 5

자존감
0℃

차승현

요즘 들어 나는 누구와 비교하려는 경향이 있다.

인터넷 매체의 영향 때문일까, 사람들의 잘사는 모습만을 바라보다 내 인생의 장애물을 마주하면 끝없는 자괴감에 빠지곤 한다. 자존감은 한없이 추락하고 결국 그 끝은 보이지 않는다.

나의 인간관계가 잘못된 것일까, 나의 행실이 잘못된 것일까.

어쩌면 둘 다 맞는 것 같기도 하다. 나의 행실이 잘못된 이유만으로 인간관계가 틀어질 수도 있는 결정적인 원인이 되기도 하니까 말이다.

'남들처럼만' 이라는 말이 나에겐 너무 익숙지 않다.

나도 남들처럼만 인간관계가 개선이 되었으면 좋겠다.

나도 남들처럼만 평생을 함께할 친구가 많았으면 좋겠다.

나도 남들처럼만 인생을 헛살지 않았으면 좋겠다.

나도 남들처럼만 정말 힘들 때 기댈 수 있는 사람이 여럿 있었으면 좋겠다.

나의 욕심일까?

전형적인 인간의 삶이지만 뒤처진 자들의 삶을 멸시한 채로 우월한 자들의 삶만을 바라보고 있는 걸까?

열등감에 빠진다.

나는 침전한다.

끝이 보이지 않는 알 수 없는 곳으로.

C:0 M:0 Y:90 K:90   C:0 M:5 Y:0 K:35   C:85 M:75 Y:45 K:0   C:100 M:100 Y:65 K:0

나에게
짜증날 때

정서희

가끔 시험 기간이 되면 공부를 하지 않는 나를 보며 한심함을 느낀다. 해야 할 일을 미루고 하지 않는 것은 진짜 한심한 일이다. 분명 내 또래라면 그때마다 스트레스는 받지만 또 공부는 하기 싫고 이런 경험이 많았을 것이다. 이런 경험을 중학생 때부터 하다 보니 나에게 한심함이라는 감정은 시험 기간의 나를 떠올리게 한다.

한심함은 주로 미루는 것이 습관이던 나 자신에게 많이 느껴졌다. 한심함은 나에게 이중성을 보여준다. 어떨 때는 이 감정이 나를 정신 차리게 해주는 원동력이 되기도 하고, 또 다른 한편으로는 나 스스로가 너무 짜증 나서 더욱 아무것도 할 수 없게 만든다.

공부를 하지 않고 계속 놀다가 옆 친구가 공부를 하는 것을 보게 되면 공부를 안 하는 나 자신에게 한심함을 느끼며 급하게 책을 펼치고 공부를 하기도 한다. 이처럼 가끔 한심함은 나에게 해야 할 일을 하게 만들어준다. 하지만 가끔 공부도 안 하고 해야 할 일도 안 하는 나를 보면 '너무 나태한데?'라는 생각을 하게 되면서 이 생각이 꼬리를 물고 자괴감에 빠지기도 한다.

한심함은 나에게 긍정적인 효과도 많이 준다. 고등학생이 된 지금 나에게 공부는 하기 싫고 귀찮아도 꿈을 위해 꼭 해야 하는 과정이다. 그래서 당연히 하기 싫어도 해야 했는데 그때마다 하기 싫어하는 나를 억지로 깨워서 손에 연필을 쥐여주는 것이 바로 한심함이라는 감정이다.

한심함을 느낄 때마다 '정신 차려. 나 말고 다른 친구들은 다들 열심히 하잖아?' 라는 생각이 들게 하면서 다시 한번 내 목표를 떠올리게 해주는 친구 같은 존재이다. 뭐 가끔은 자괴감이 너무 크게 들게 해서 나를 피곤하게 만들고 스트레스를 주기도 하지만 이 또한 내 꿈을 향해 달려가는 과정이라고 생각하고 있다.

처음에는 이 감정을 느낄 때 지금처럼 긍정적이지는 않았다. 오히려 부정적인 영향을 주었다. 스스로를 한심하게 생각하게 되면서 스트레스받고 '나는 왜 항상 이 모양이지? 제대로 하는 것도 없는 멍청한 인간이야.'라는 생각을 달고 살았다. 그래서인지 자존감이 낮았고 사소한 것에 스스로를 탓하고 욕하고 몰아세웠다.

그렇게 계속 자괴감을 느끼고 있을 무렵 나의 감정을 내가 제대로 다루지 못하고 거기에 휘둘리고 있다는 생각이 들었다. 계속 나를 욕하고 탓하는 데에 이미 질려있던 나는 스스로를 사랑하기 위해서는 이 한심함을 최대한 느끼지 않기로 했다. 하지만 그건 어느 정도는 가능했지만 한심함이라는 감정을 아예 느끼지 않을 수는 없었다.

감정이라는 것은 느끼지 않기로 결심한다고 해서 그 감정이 나에게서 사라지는 것은 아니다. 그렇게 자연스럽게 나에게 오고, 어느 순간 옅어지기도 하는 것이 감정이다. 그래서 나는 이 감정을 긍정적으로 바꾸기로 결심했다.

사람은 생각하기 나름이라고 감정을 부정하지 않고 인정하자 이 부정적으로 느껴졌던 감정이 어느덧 나에게는 목표로 달려가는 과정 중 방황할 때 목표를 다시 알려주는 소중한 친구가 되어 있었다. 더 이상 나는 한심함에 파묻혀 아무것도 못 하던 내가 아니라 나 자신을 사랑하고 내 꿈을 위해 노력하는 내가 되고 있었다. 나에게 한심함은 그 어떤 감정보다 소중하고 고마운 감정친구다.

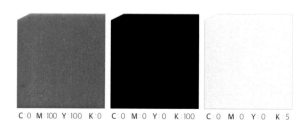

C:0 M:100 Y:100 K:0   C:0 M:0 Y:0 K:100   C:0 M:0 Y:0 K:5

감정의
소용돌이

장은정

시험이 끝난 뒤면 항상 나에겐 자부심과 자책이 같이 온다. 자부심이 올라오는 경우는 시험공부를 딱히 하지 않았는데 성적이 잘 나온 경우에 으쓱하는 느낌과 묘한 충족감으로 온다. 반대로 행운으로 시험 쳐서 '이 정도 성과면 공부를 제대로 했으면 더 잘 나왔을 텐데……' 하는 자책감도 온다. 이 두 가지 감정은 항상 같이 왔다. 그래서 시험이 끝난 뒤면 나의 기분은 파도처럼 오르락내리락했다.

그런데 난 공부를 하지 않은 것이 아니었다. 충분히 노력했고 준비를 잘 해왔는데, 이상하게도 시험이 끝나면 '다 운이었다'고 말하는 내가 있다. 왜 이런 현상이 일어날까?

내가 추측하는 답은 자부심 때문이다. 내 무의식 안에는 나의 성과를 부풀리고 우쭐해 하는 내가 있고, 남들보다 내가 잘났다고 생각하는 내가 있다. 이 생각이 강화되는 방법은 내가 공부를 하나도 안 하고 오직 나의 운으로 이 만큼의 성취를 얻었다고 말하는 것이었다. 이 감정은 다른 감정을 쉽게 모이게 하는데, 바로 그중 하나의 감정이 자책이었다.

내가 운으로 성적을 얻었다고 생각하면 난 공부를 하나도 하지 않고 좋은 성적을 받은 행운아가 될 수도 있지만, 노력을 하나도 하지 않은 게으른 사람이 되어 버릴 수도 있다. 이 두 가지의 모습이 나에게 각각의 감정을 불러왔던 것이다. 하지만 내가 공부를 했다고 인정해버리면 공부를 한 것 치고 못 한 것이 되어 무능력함을 느끼게 된다. 이렇게 나의 무능력함을 느끼면 남들에게 내세울 수 없어 자부심이 좌절되어 엄청난 밑바닥으로 떨어지는 느낌을 받게 된다. 정말 감정은 감정을 몰고 온다는 것이 확실히 경험된다.

그러면 난 무슨 태도를 보여야 감정에 휩쓸리지 않게 될까? 마지막으로 내린 결론은 내가 완벽하지 않고 보완해 나가야 한다는 사실을 계속 인식시켜 줘야 한다는 것이었다. 이 모든 감정의 원인은 '난 완벽해'였고, 이 생각이 나를 계속 좌절하게 했다. 시험을 치고 나서 나의 결함을 찾아 인정하고, 보완하는 것이 나에게 부풀린 자부심과 자책보다 더 좋은 태도이고, 또한 보완에 성공한 나를 칭찬해 주는 것이 진정한 발전으로 가는 길이라고 생각하게 되었다.

나의 감정을 정리하고 재확립하니 전보다 감정에 대해 더 잘 알게 된 기분이다. 나의 감정은 정말 어린 아이 같다. 몸은 커가지만, 아직 내면은 어린아이로 존재한다는 것이 나를 모든 방면에서 겸손하게 해주는 것 같다.

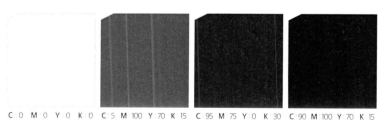

C:0 M:0 Y:0 K:0   C:5 M:100 Y:70 K:15   C:95 M:75 Y:0 K:30   C:90 M:100 Y:70 K:15

쉽게
바뀌는 마음

조미경

괜히 마음이 토라질 때가 있다. 아무 일도 아닌 것에 삐치고 화내고 서운해지고 답답해지고. 이런 감정들은 대개 가족이나 친구들에게 가장 먼저 날아간다. 모르는 사람이나 친하지 않은 사람들 앞에서는 잠자코 있으면서. 조금 편하다 싶은 상대에게 가장 먼저 비수처럼 꽂힌다. 그런 감정은 나중에서야 미안함을 동반한다. 그러나 미안하다고 말할 용기는 따라오지 않는다.

말은 조심해서 내뱉어야 한다는 것을 나 또한 알고 있다. 그래서 늘 조심하고 주의하지만 말의 깊이는 받아들이는 사람마다 다 다르기 때문에 내가 아무리 신경 쓴다고 해도 상처받는 사람이 생기기 마련이다.

내가 생각하기에 나의 말투는 날카롭지 않다. 흔히 말하는 '싸가지 없고 재수 없는' 말투라면 모를까. 그런데 왜인지 내 친구들은 가끔씩 나의 말투를 따라 한다. 그럴 때마다 엄청 기분이 나빠지는데 이게 내 말투를 들어서인지 아니면 그저 놀림당하는 기분이 들어서인지 헷갈린다. 하지만 적어도 나는 말을 그렇게 익살스레 하진 않는다. 일부러 가십거리로 쓰이라고 비음을 섞거나 톤을 위아래 정점을 찍거나, 그런 식으로 말을 놀리진 않는다는 뜻이다. 왜 다들 이런 장난이 다른 누군가에게 상처가 된다는 것을 모를까. 그러면서 정작 본인들은 누군가에서 독설을 맞거나 상처받기 싫어한다. 나는 이게 무슨 모순인지 모르겠다.

하지만 나 또한 누군가에게 그런 존재일지도 모른다. 누군가의 마음에 흠집을 내놓고 나 몰라라 하는 사람이 바로 내가 될 수도 있다. 그저 내가 말하고 싶은 것은 그 사람도 내가 되려 상처받을까 봐 말 못 하고 혼자 끙끙 앓고 있는 걸 수도 있다는 것이다.

우리는 모두 평등한 선에 서 있는 존재로서 서로를 존중할 필요와 책임이 있다. 하지만 감성은 이성 못지않게 빠르기 때문에 우리는 종종 실수를 저지르곤 한다. 말하고는 싶은데 눈물이 먼저 나오고, 울고 싶을 때 웃게 되고, 짜증날 때 화를 먼저 내는 것은 전부 감정이 우선시 되고 있다는 증거다. 이 외에도 여러 증거들이 존재하지만 일일이 다 서술하기엔 우리는 너무나 많은 감정을 가지고 있다. 결국엔 너도 나도 다 그 감정의 모임이라는 것이다.

늘 좋은 감정만을 안고 살아갈 수는 없다. 타인을 만나고 관계를 맺고 걸음을 옮겨가는 그 순간순간 우리는 다양한 감정들을 마주하게 된다. 매일 똑같은 감정이라도 채도가 다르다. 그래서 나는 매 순간이 소중하다. 지금 글을 쓰고 있는 시간도, 내가 속해있는 공간도, 나와 함께 있는 모든 것의 존재까지도. 다 현재의 나를 만들어 새로운 감정을 부여해주고 있기 때문이다.

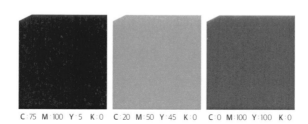

C 75 M 100 Y 5 K 0   C 20 M 50 Y 45 K 0   C 0 M 100 Y 100 K 0

주황색

최은지

생각해보면 세상에 존재하는 아름다운 것들은 대부분 주황빛을 띠고 있다. 건물에 걸린 노을, 아스라이 트는 해, 오래된 골목의 가로등….

세상에 존재하는 수많은 아름다운 주황빛들 중에서도 나는 오래된 골목의 가로등을 가장 사랑한다. 오래된 골목의 가로등은 요즘 가로등들과는 다르게 주황빛이 잔뜩이다. 난 그 감성이 퍽 좋아 일부러 오래된 골목길을 찾아가고는 한다. 가끔 찌지직 - 찌직 - 거리며 깜빡깜빡 거리는 것이 무언가 나올듯해 두렵기도 하지만 나는 오래된 골목을 찾아가는 것을 멈출 수 없다.

주황빛이 도는 가로등을 보고 있으면 지금보다 더 어렸을 적 가족들과 같이 쓰레기를 버리던 기억이 난다. 그날과 같은 곳을 걸으면서 '이 길이 이렇게나 짧았나?' 하면서 속으로 놀랐다. 그때는 정말 열심히 뛰어도 절대 닿지 않을 것 같던 골목이 겨우 몇 발자국을 내디뎠을 뿐인데 벌써 끝에 다다랐을 때, 이유 모를 허망함과 뿌듯함이 동시에 밀려왔다.

빨리 어른이 되고 싶어 책에서 본 것처럼 물 한 바가지를 떠다놓고 달님 별님께 '빨리 어른이 되게 해주세요.'라고 빌던 때가 바로 며칠 전만 같은데 벌써 주민등록증을 받았다. 정말 어른이 되어버리는 걸까 싶어서 두렵기도 하고 설레기도 한다. 보기 싫은 누군가를 더 이상 보지 않아도 된다고 생각하니 후련하기도 하지만 같이 있어도 늘 보고 싶은 사람들을 학교에서처럼 자주 보지 못한다는 것이 아쉽다.

물론 내가 어른이 되기 싫다고 해도 시간은 그때만큼 빠르게 흐르겠지만, 아주 조금만 늦출 수는 없을까?
자꾸 이렇게 실없는 생각만 하게 된다.
언젠가, 내가 이때의 나를 떠올렸을 때 얼마나 미숙하고 순진해보일까 궁금하다. 아마 내가 이 가로등 밑에서 어릴 적 나를 떠올렸을 때의 느낌이 아닐까?

딱 그만큼만 어른이 된 내가 나보다 어린 나를 그렇게 생각했으면 좋겠다.

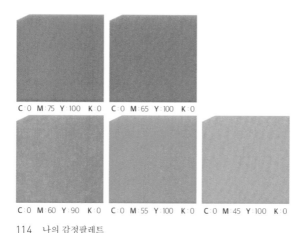

C:0 M:75 Y:100 K:0   C:0 M:65 Y:100 K:0

C:0 M:60 Y:90 K:0   C:0 M:55 Y:100 K:0   C:0 M:45 Y:100 K:0

컬러를 생각하다 I

잠시 주위를 둘러보세요.

책상, 가방, 옷장, 신발, 필통, 화장대, 각종 소품들…

유난히 많이 보이는 컬러가 있나요?

있다면 무슨 색인가요?

그 컬러가 유난히 많은 이유는 무엇인가요?

그 컬러가 주는 느낌을 적어보세요.

part 3

고마움,
기대감,

기쁨,
생동감,
놀라움

나에 대한 탐구, 의식 저편에 숨겨진 것들을 찾아가다 보니
이제는 경쟁하는 삶이 아닌 조화의 힘을 바라보는 사람이 된 것 같다.

- 본문 중에서

로마의 휴일이 아닌
나만의 휴일

손지원

주말. 아무것도 하기 싫은 날.

문득 영화 〈로마의 휴일〉이 떠올랐다. 혹시 〈로마의 휴일〉이라는 영화를 아는가? 나도 실제로 본 적은 한 번도 없지만 제목은 많이 들어봤다. 과연 이 영화의 내용은 무엇이기에 로마의 휴일일까 하여 대략적인 줄거리를 찾아보았다.

'왕실의 여러 규칙과 정해진 스케줄에 지친 앤 공주는 거리로 뛰쳐나가 어느 신사를 만나게 되고 그와 함께 다니면서 서민의 즐거운 생활을 맛보게 된다. 그 신사는 특종을 찾는 신문기자였는데 특종감을 위해 신사는 공주와 함께 로마 거리를 즐겁게 다니면서 여러 사진을 찍게 되는데…' 여기까지가 인터넷에 나와 있는 대략적인 줄거리이다. 유명한 영화인만큼 줄거리를 읽었을 때 나도 한번 보고 싶다는 생각이 들었다.

영화에서 앤 공주는 뜻밖인 휴일이 주어졌을 때 무척이나 신나한다. 나는 현대 사회를 살아가는 우리들에게도 나만의 휴일을 만들어 보는 건 어떨까 생각한다. 뜻밖의 휴일을 만드는 것이다.

날짜를 정해놓지 않고 아무것도 하기 싫고, 아무 생각도 하기 싫은 날 그냥 무작정 내가 좋아하는 것을 해보는 건 어떨까? 그러기 위해서는 평소에 내가 하고 싶은 것이 무엇인지 생각해볼 필요가 있다. 앤 공주도 궁궐에만 지내다가 뜻밖의 휴일을 맞이해 불안했을 수도 있다. 하지만 영화에서는 무척이나 신나하는데 그것은 휴일을 맞이하였을 때 대충이라도 나는 무엇을 하고 싶다는 생각을 해보았기 때문일 것이다.

나 같은 경우 주말에 무엇을 할지 평일에 미리 생각을 해두는 편이다. 평일에 스트레스를 받아가며 부족했던 잠을 잔다던가, 너무나도 보고 싶었던 영화를 보러 간다거나 다른 학교에 있어서 자주 보지 못했던 친구들을 본다거나….

나만의 휴일이라고 꼭 무엇을 하라는 것은 아니다. 아무것도 하기 싫다면 아무것도 안 하고 마음을 비우는 것 역시 나만의 휴일이 될 수 있다. 평소에 도전하지 못했던 여행이나 버킷리스트를 실천하는 것 역시도 나만의 휴일이 될 수 있다.

나만의 휴일을 꼭 주말에 하라는 것은 아니다. 힘들거나 지치거나 선생님께 혼이 나서 속상한 날 등 휴식이 필요한 어떤 날이라도 좋다. 집에 돌아와 씻고 바로 잠이 들기 전에 자신이 좋아하는 책을 읽어본다거나 글을 써본다거나 좋아하는 SNS를 잠시 본다거나 하는 것도 나만의 휴식이 되는 것이다.

<로마의 휴일>이라는 영화에서는 공주가 평민들의 삶을 보고 휴일이라 느끼듯이 우리도 다람쥐 쳇바퀴같이 갇혀 지낸 학교 또는 직장이라는 공간을 벗어나서 안락한 집 또는 예쁜 경치를 볼 수 있는 여행지로 떠나보는 것도 좋을 것 같다.

돈 벌고 공부하기에도 시간이 없는데 언제 그런 휴일을 가지느냐고 물어볼 수도 있겠지만 돈보다는 정신이 더 중요하지 않을까? 아무리 돈이 많더라도 행복하지 않다면 아무 소용이 없다. 행복함 없이 일한다는 건 정말 힘든 삶인 것 같다.

즐기면서 하루하루 즐겁게 살아간다면 그보다 좋을 순 없다. 그러니 지금 당장이라도 나만의 휴일, 휴식을 가져보자.

C:0 M:45 Y:15 K:0   C:65 M:0 Y:100 K:0   C:0 M:0 Y:0 K:5

요양병원에서
있었던 일

이아영

주말이나 방학 때 봉사를 하러 가기 위해 친구와 동네 근처에 있는 요양병원을 찾아갔다. 처음에는 봉사 시간을 채워서 봉사상을 받기 위해 억지로 요양병원에 무거운 발걸음으로 갔었다. 하지만 3년이 지난 지금은 병원에 계신 할머니들 뵈러 간다는 생각으로 오랜만에 찾아가는 고향에 내려가는 마음으로 간다.

위치도 옛날 중학교가 있던 동네 근처라 친구랑 버스 타고 가면서 중학교 때 이야기도 하고 외할머니댁이 옛날에 그쪽 동네에 있었기에 찾아갈 때마다 옛 추억이 떠올랐다. 가끔씩이지만 이렇게 생각나면 찾아가 봉사를 하러 갔던 이곳도, 고등학교를 졸업해서 다른 지역의 대학교로 가면 잘 들리지 못할 것을 생각하니 뭔가 아쉽기도 한 것 같다.

3년 동안 같은 요양병원에 봉사 다니면서 안 해 본 것이 없었다. 청소부터 할머니, 할아버지 식사 도와드리기, 책 읽어드리기, 알약 자르기, 선물포장이나 음식 만들기까지 해보았다. 그곳에서 웬만한 봉사는 다 해본 것 같다. 그중에서도 활동하는 프로그램을 할 때 할머니들께서 제일 밝은 표정이셨다.

요양병원에서 노래교실 프로그램이란 것도 했었는데, 원내에 계신 할머니, 할아버지들께서 좋아하시는 노래도 부르고 우리는 거기에 맞춰 호응을 했다. 어느 날 프로그램을 하다가 갑자기 간호사 선생님께서 내게 마이크를 쥐여주시더니 나보고 한 곡 부르라고 하셨다.
"학생 한 곡 부르고 마무리할게요~"
라며 나를 부추기셨다. 많은 분들이 보고 계시고, 할머니들의 기대를 저버릴 수 없었다. 용기 내서 '사랑의 배터리' 한 곡을 신나게 불렀다. 할머니들 호응에 힘든 것 다 잊어버리고 뿌듯함을 느꼈다. 노래를 다 부르고 난 후 할머니 한 분이 눈물을 흘리셨다. 흥 나는 분위기에 갑자기 할머니께서 눈물을 보이시니까 당황스럽기도 했지만 할머니의 마음이 느껴져 가슴이 찡했다.

매번 봉사하고 나와서 집 가는 버스 기다릴 때 온몸에 힘이 빠진 것을 느꼈다. 단지 하루에 몇 시간 고작 봉사한 게 그렇게 지쳤다. 지병 때문에 힘들어하시는 어르신들을 뵙고 와서 그런지 마음도 불편했다. 그러자 일거수일투족 어르신들 옆에서 돌봐주시는 간호사 선생님, 간병인분들 요양병원 내 모든 분들이 위대해 보였다. 나도 남을 돕는 것을 좋아하지만 남에게 전부를 투자하는 건 쉬운 일이 아니다. 내 몸 바쳐 오로지 남을 위해 헌신하시는 그분들의 모습을 보고 경이롭다는 생각이 들었다.

마치 작은 마을 동네 같은 병원에서는 각각 다른 사연을 가진 많은 사람들을 만나게 된다. 봉사를 마친 다음 뒷정리를 끝내고 가려고 할 때, 같이 시간을 보낸 할머니들께서 잘 가라고 다음에 또 오라고 하셨을 때 뭔가 가슴이 찡했다. 매일 병원에서 맞는 아침이 얼마나 답답하실지 나로서는 가늠이 되지는 않지만 할머니들 표정에서 뭔가 모를 슬픔이 느껴졌다.

봉사를 하면서 병원으로 찾아오는 손님들도 많이 봤었는데, 나 또한 몇 년 전에 요양병원에 입원하셨던 할아버지 뵈러 갈 때마다 마음이 무거웠던 기억 때문에 여기 있는 모든 사람들이 사연이 있다고 생각하니 가슴이 먹먹했다. 자식들 챙겨주고 싶은 게 부모 마음일 텐데, 병원으로 찾아오는 자식들을 보면서 얼마나 가슴이 아프실까 그런 생각이 들 때마다 숙연해진다.

봉사하러 와서 별로 한 것도 없는데 뭘 자꾸 챙겨주시려는 어르신들을 보며 우리 할머니 생각도 났다. 1년이 지나도 2년이 지나도 다시 찾아올 때마다 "학생 또 왔네."라고 하시며 기억해주신 요양병원에 계신 몇몇 분들께 감사하다.

하도 뉴스에서 요양병원에 대한 사건사고가 많아 인식이 별로 안
좋았는데 여긴 간호사분들도 친절하셨고 무엇보다 병원이지만 동네
같은 친숙한 느낌이 들어서 분위기도 좋았다. 나의 버킷리스트에 커
서 요양병원에 재능기부로 봉사를 다닐 꿈이 하나 더 생겼다.

C : 10 M : 40 Y : 100 K : 0   C : 65 M : 15 Y : 100 K : 0   C : 95 M : 0 Y : 95 K : 0   C : 0 M : 20 Y : 20 K : 0

기회는
기다리지 않는다

손지원

동아리 덕분에 아주 좋은 기회로 정신과 전문의와 상담을 하게 되었다. 포스트잇에 자신의 고민을 적고 전문의가 몇 개를 뽑아서 질의 응답하는 방식이었다. 그 강연을 여러 가지 고민에 대해 서로 공감할 수 있는 친구들과 함께 들을 수 있어서 너무 좋았던 것 같다.

감정에 대한 책을 읽기 전에는 정신과 하면 정신적 치료가 시급한 사람들이 가는 곳이라고 생각했다. 그것은 정신과에 대한 나의 안 좋은 편견이었고 정신과에 대한 부정적인 인식이 내 머릿속에 박혀 있었다.

그런데 정신과 전문의가 적은 감정에 관한 책들을 읽어 봄으로써 나의 부정적인 인식은 긍정적인 인식으로 바뀌게 되었다. 마음의 병이 생겨서, 정신적으로 힘들어서, 위로와 공감을 받고 싶어서, 도저히 풀리지 않는 문제를 해결하고 싶은 간절함에 찾아간다는 것을 알게 되었고 학생들도 많이 온다는 사실이 나에게 새롭게 다가왔다.

고등학교 3학년이 되면서 머릿속이 복잡하고 궁금한 것들 풀리지 않은 것들이 있었는데 마침 좋은 기회가 와서 강연을 듣게 되었다. 하지만 처음에는 이 기회가 왔을 때 바로 신청하지는 않았다.

신청하기도 전에 '과연 내가 지금 고민하는 것도 고민거리라고 할 수 있을까?' '나만 개인적으로 이렇게 생각하는 것이 아닌가?' '유명한 정신과 전문의가 왔는데 별로 영양가 없는 질문을 하는 것은 아닐까?' 등 별의별 생각이 들었다. 하지만 나는 다짐했다. 기회는 기다려주지 않는다고 이런 좋은 기회가 나에게 왔고 나는 준비가 되어 있다고.

강연을 신청했고 포스트잇에 한 글자 한 글자 또박또박 나의 고민을 적어 나갔다. 드디어 강연 시간이 되었고 전문의께서는 포스트잇을 떼어내며 질문을 읽고 답을 해주셨다. 정말 놀라웠다. 너무나도 크게 공감이 되었기 때문이다. 나만 가지고 있을 거라는 사소한 고민을 내가 아닌 다른 친구들이 가지고 있었고 나는 미처 생각하지 못한 고민을 다른 친구가 가지고 있어서 서로에게 도움이 되었던 것 같다.

그러다가 내가 적은 질문이 전문의의 손에 들어갔고 전문의는 나의 질문을 읽어주었다. 그리고는 나를 궁금해하시며 내가 누구인지 알 수 있냐고 손을 들어보라고 하였다. 나는 그 순간 내적 갈등이 시작되었다. 손을 들어야 하나 말아야 하나 고민되었다. 결국 나는 손을 들지 못했다. 그래도 전문의께서는 나의 질문에 성실히 답을 해주셨다. 그렇게 나의 궁금증과 함께 불안도 잠시나마 해결되었다.

강연이 끝나고 집에 가는 버스를 탔는데 머릿속에는 여러 가지 생각들이 떠올랐다. 후회도 조금 되었다. 유명한 책의 저자이기도 한 전문의가 내 질문을 뽑아서 나를 궁금해하셨는데 왜 나는 손을 들고 당당히 말하지 못했을까? 내 생각에는 아직은 질문하는 것이 많이 부끄러워서 그랬을 것이다. 비록 지금은 자신이 없어서 좋은 기회를 눈으로만 바라보고 직접 참여하지는 못했지만 나는 나를 이기고 계속해서 다른 강연에 참여해서 여러 질문을 하며 준비할 것이다.

왜냐면 기회는 준비된 자에게 오는 법이니까.

기회는 기다리지 않으니까.

C:50 M:0 Y:90 K:0   C:0 M:5 Y:100 K:0

친구아이가
(친구: 친하게 지내자구)

이아영

"**친**구끼리는 미안한 거 없다."

영화 〈친구〉에 나온 대사이다.

미안함이 쌓이다 보면 부담이 되기 마련이기에 친구 사이에는 서로 오해가 생기면 금방 풀고 서운한 일이 쌓이지 않게 해야 한다. 그정도 가지곤 괜찮겠지라는 생각은 버려야 한다. 나도 모르게 친구에게 상처를 줄지도 모르기 때문이다. 그 상황이 지나고 나서 친구에게 함부로 내뱉었던 말을 혼자 끙끙거리며 매번 사과하는 것도 진정성이 없어 보일 수 있으니 평소에 상대방을 배려하며 말하는 습관을 들여야 한다.

초등학교 5학년 말, 지금의 동네로 전학을 오고 나서 쉽게 적응하지 못했다. 모든 게 낯설고 학교 자체가 즐겁지 않은 곳이었다. 내성적인 성격에 쉽게 친구를 사귀지 못하였을뿐더러 학업성적도 뚝뚝떨어져 자신감과 자존감은 바닥을 쳤다. 먼저 다가와 준 친구들 덕분에 무던히 잘 적응할 수 있었다. 공부도 열심히 하고 친구도 두루사귀며 그렇게 초등학교 시절을 마무리 지을 수 있었다.

초등학교 이후, 전학 등의 이유로 멀어진 친구들이 기억 속에서 점점 잊혀져 갔다. 나 또한 먼저 연락을 잘하지 않았기 때문에 서로 연락이 뜸해지면서 이렇게 멀어지는구나를 느꼈다. 몸이 멀어지면서 마음이 멀어지는 것을 직접 겪어보니 조금은 슬펐다.

중학교로 올라가면서 같은 학교 친구들은 여기저기로 흩어졌고, 새로운 친구들도 많이 만났다. 중학교는 초등학교와 교복을 입는 것 말고는 별다른 게 없었지만, 처음에는 새로운 환경에 처음에는 힘들었다. 하지만 좋은 친구들 덕분에 곧잘 적응할 수 있었다. 친구 집에 놀러 가서 밤이 새도록 이야기하다 잠이 들고 서로의 고민을 털어놓으며 서로의 마음이 더 가까워짐을 느끼기도 했다. 처음으로 해보는 일들이 모두 새로웠고, 같이 무엇을 한다는 게 즐거웠다.

중학교 때 만난 친구들과 깊게 사귀면서 살아가는 동안 친구가 중요한 존재임을 느꼈다. 각자 어떤 어른이 되어있을지 상상도 해보고 같이 미래 계획도 짜는 것도 즐거웠다. 미래에 함께할 사람이 있다는 것이 정말 행복한 것인 줄 친구 덕에 깨달았다.

고등학교 원서 준비를 앞두고 친구들과 많은 이야기를 나누었다. 모두 같은 고등학교로 가길 원했는데 서로 각자의 길에 맞게 다른 고등학교로 가게 되면서 예전 같이 만나기가 힘들었다. 같은 동네에 살긴 하지만 시간적으로 여유가 없어서 방학이 되어야 만나서 밥같이 먹고 놀러도 가고, 대신 자주 연락을 주고받았다. 오랜만에 만나도 어색하지 않고 어제 만난 친구처럼 자연스럽게 대화할 수 있다는 게 신기했다. 오랜만에 친구들을 만나면 그때로 되돌아간 것 같은 꿈을 꾸고 있다는 느낌도 든다.

지금의 친구들은 오히려 떨어져 보니 더 각별한 느낌이다. 중학교에 들어서 친구라는 게 이런 것이구나를 진정으로 느꼈다. 말을 예쁘게 하는 친구들이 천사 같다는 생각도 들었다. 가끔씩 데면데면하다가도 진심이 담긴 미안하다는 한마디에 언제 그랬냐는 듯 마음이 풀리고, 서로 간의 믿음이 더 단단해진 것 같다. 친하지 않으면 다툴 일도 없다고 생각하기 때문에 어쩌다가 삐뚤어지는 순간이 오면 서로에게 더 노력해야 하는 순간이라는 생각이 들었다.

학교생활을 하면서 느꼈던 건 알고 지낸 시간은 친밀함과 비례하지 않다는 것이었다. 자신의 소울 메이트를 찾으면 나의 편이 있다는 것 자체로 마음 한구석이 든든하다. 굳이 애써 붙잡지 않아도 옆에서 나의 못난 모습까지 안아주는 친구가 있어서 행복하다. 좋은 일이 있을 때는 같이 웃고 항상 내 편을 들어주면서 내 말에 공감해주는 지금의 친구들에게 고마움을 느낀다.

C:100 M:80 Y:0 K:0   C:10 M:15 Y:0 K:0   C:80 M:0 Y:100 K:0

가족은
내가
살아가는 이유

이아영

나에게는 밖에서 가족보다 남들을 더 잘 챙겨주는 아빠와 동생보다 나에게 더 훈계를 많이 하시는 엄마, 그리고 지긋지긋하게 싸우는 동생이 있다.

아빠는 직장 때문에 따로 살고 있어 자주 못 본다. 가끔 만날 때도 같이 오랜 시간을 보내지 못해서 조금 서운하다.

뭐가 맘에 안 들어 엄마와 싸운 날에는 하루 종일 기분이 안 좋다. 문자로 몇 자 적어 엄마께 죄송한 마음을 전해도 마음이 불편하다. 한 번은 엄마와 크게 다투어 밥도 안 먹고 말도 안 한 적이 있었는데 그때 엄마 속이 얼마나 쓰라렸을지 생각하면 아직도 죄책감이 밀려온다.

TV '안녕하세요'라는 프로그램에 가족 단위로 나온 사연을 들어보면 많은 공감이 되었다. 하도 우리 아빠가 유별나서 엄마와 함께 정말 진지하게 '안녕하세요'에 출연을 생각한 적도 있다. 아빠와 오랜만에 만나 밥 한 끼 같이 먹고 다시 아빠가 객지의 집으로 돌아가실 때, 다시 조용한 평화가 찾아와 좋으면서도 아빠가 집에 잘 들어가셨는지, 밥도 잘 챙겨 드시는지 걱정이 된다. 역시 가족끼리는 화목하게 지내야 한다. '가정이 화목해야 모든 일이 잘 풀린다'는 뜻인 가화만사성이 괜히 있는 말이 아닌 것 같다.

어렸을 때 어느 날 갑자기 엄마로부터 급히 전화가 걸려왔다. 운동을 워낙 좋아하시는 아빠는 그날도 산악동호회에서 단체로 등산을 가셨다. 그런데 아빠께서 등산을 하시다가 뱃속에 생긴 결석 때문에 갑자기 쓰러지셔서 헬기에 실려 병원으로 급히 후송됐고, 급히 수술을 해야 할 상황이라고 하셨다. 소식을 듣자마자 우리 가족은 아빠한테 곧장 달려가 아빠 상태를 확인하였다. 놀란 마음에 울지 않을 수가 없었다. 비록 어렸을 때였지만 많은 충격을 받았었다.

이런 위험한 일이 있을 때마다 아빠 엄마 없이 못 살겠다는 생각이 들었다. 애교도 없고 맨날 투정 부리는 딸인데도 맛있는 것 사먹으라고 용돈을 챙겨주시는 아빠가 우리 때문에 고생하실 것을 생각하면 감사하고 미안해진다.

사실 잘했다는 칭찬 한번 잘 안 해 주시는 아빠지만 가족을 위해 열심히 일하시는 것을 누구보다 잘 알기 때문에 나도 가족을 위해 열심히 노력할 것이다. 진정 가족이 내가 살아가는 힘이 되는 것 같다. 척하면 척으로 이제 말을 안 해도 통하는 게 있어서 가족은 존재 자체로 행복인 것 같다.

집에서 내가 요리를 자주 하는 편이다. 식사를 몇 번 차리다 보며 식사 준비의 고됨을 알게 되었다. 지금 와서 느낀 건 엄마는 사실 주방을 싫어하신다는 것이다. 항상 주방에서 요리하시는 모습만 보다가 내가 식사를 준비했을 때 정말 좋아하셨다. 원래 집안일은 가족이 함께하는 건데 주로 엄마에게 미뤄서 그동안의 행동이 부끄럽다.

우리는 가족에게 가깝다는 이유만으로 너무 쉽게 상처를 준다. 서로에게 무관심한 가족이면 더 속 편하게 살 수 있을까? 오히려 더 잘 됐으면 하고 또 서로에게 관심이 있기 때문에 한소리 더 하는 것인 것 같다.

벌써 세월이 훌쩍 지나 나는 곧 성인이 될 나이가 되었고, 부모님은 언제나 그렇게 우리들의 뒷바라지를 하시느라 고생만 하셨다. 언젠가 독립을 해서 가족과 따로 살날이 오겠지. 있을 때 잘하자는 다짐을 항상 하면서 부모님께 감사의 표현을 더 자주 해야겠다.

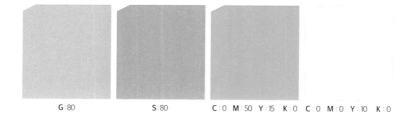

G:80   S:80   C:0 M:50 Y:15 K:0 C:0 M:0 Y:10 K:0

가로수의
행복

조미경

나와 같이 있어 주던 친구들이 생각난다. 솔직히 말해서 초등학교 시절의 친구라고 하는 존재는 우정이라고 할 것 없었다. 그만큼 얕게 사귀었다. 철모르던 시절의 천진난만함만 가지고 있었으니까. 그러나 중학교 때부터는 또렷하게 기억에 남는 친구들이 있다. 지금 내가 생각하는 친구들은 중학교, 고등학교, 그리고 지금 내 곁에 있는 친구들이다.

나는 발이 넓은 편도 좁은 편도 아니었다. 오는 사람 안 막고 가는 사람 안 잡는 그런 케이스였다. 하지만 첫인상이 썩 좋은 편은 아니다 보니 사람을 만나는데 거리낌이 없는 아이들이나 용기 있는 아이들이 주로 다가와 주었다. 그리고 이는 주로 중학교 친구들의 행동이었다. 사실, 엄연히 말해서 초등학교를 같이 다니던 친구들이 그대로 중학교를 진학한 셈이나 다름없다. 그러나 그 아이들이 내게 먼저 다가와 준 것 또한 사실이다. 그리고 그렇게 친해진 친구가 다른 친구를 소개시켜주고, 그 친구가 또 다른 친구를 소개시켜주면서 사람을 사귀었던 거 같다.

가장 행복하게 친구를 사귀었던 시절. 되짚어보면 바로 그때가 중학교를 재학하고 있었을 적인 것 같다. 성적 때문에 짜증난다고 편히 말할 수 있었고, 놀러 가자고 하면 다들 쉽게 마음이 맞았고, 수업시간에 잡담을 해도 마냥 즐거웠던 그 시절로 돌아가고 싶은 마음도 든다. 그 시절 우정보다 돈독하게 다가온 그 감정이 그리워질 때가 있다.

반대로 내가 친해지고 싶다고 마음을 먹었으면 일단 들이대고 봤다. 이는 고등학교 친구들에게 해당되는 얘기다. 나이를 먹으면서 낯가림이 생기는 바람에 모든 아이들과 두루두루 친하게 지낼 수는 없었지만 마음이 맞는 소수의 친구들과 함께하고 있다. 지금 동아리 빅꿈나비에 소속되어 있는 몇몇의 친구들이 바로 이 친구들이다. 그 외에도 조금 더 있지만 일일이 소개하기엔 민망하니까 넘기도록 하자.

불과 이년 전 얘기지만 이 친구들과 친해진 것을 후회하지 않는다. 친구들과 함께 있으면 소소함의 즐거움이 무엇인지 알게 된다. 그들과 있으면 자주 웃을 수 있고, 맑은 기분이 든다. 이들은 정말 나의 일상처럼 녹아들어서 어느새 있는 듯 없는 듯한 존재로 굳어져 버리기도 하지만 그것조차 나쁘지 않다는 느낌이다. 메신저로 대화를 해도 이제는 중학교 친구들보다 편한 존재들이다. 무엇보다 그 험한 고등학교 시절을 같이 보냈으니까. 그래서 쉽게 정을 줄 수 있었던 것 같다.

지금의 아이들이 대학 진학으로 인해 각자 타 지역으로 흩어지면 우리는 얼굴 보기가 더 힘들어지겠지. 나는 그것이 안타깝다. 고등학교를 졸업하면 더 많은 시간이 우리를 기다리고 있을 텐데. 그 길을 혼자 걸어가야 한다는 것에 두려운 감정이 들기도 하고, 서운한 느낌을 받기도 한다.

벌써 우리가 이만큼 걸어왔구나.
수고 많았어, 애들아.

결코 입으로 내뱉을 수 없는 말일지도 모른다. 부끄럽기도 하고, 쑥스럽기도 한 이 마음은 글로 남기는 편이 더 진정성 있으리라. 그래서 이렇게 글로 남겨본다.

두 번 다시 못 볼 사람처럼 굴지는 않기로 하고,
늘 고마워 얘들아.
작은 진심을 담아서…

C : 0 M : 5 Y : 100 K : 0   C : 80 M : 5 Y : 35 K : 0

감사합니다
40℃

차승현

감사 感謝

1. 고마움을 나타내는 인사.
2. 고맙게 여김. 혹은 그런 마음.

우리의 삶 속 '감사합니다.'는 빈번히 사용되고 있는가?

우리가 살아 숨을 쉬고 있는 21세기, 대한민국, 남녀, 자신의 이름, 나의 존재 그 자체만으로도 우리는 감사해야 한다.

우리의 존재가치는 돈으로 환산할 수 없을 만큼 값어치가 뛰어나다.

길을 가던 어떠한 행인이 '당신을 얼마에 판매하시겠습니까?'라고 묻는 질문에 한 치의 망설임도 없이 자신의 존재가치를 값어치로 환산하여 답한다면, 그는 자신의 가치를 매우 낮게 평가하는 사람일 것이다. 사실 그런 상황이 있다 한들 그렇게 대답하는 사람은 없을 것이다.

세상에는 감사해야 할 일이 수없이 많다.

우리를 태어나게 해주신 부모님, 내가 힘들거나 기쁠 때 함께 이야기를 들어준 친구들, 깊은 지식을 가지게 해주는 선생님, 나의 버팀목 이성 친구, 내가 살아가는 환경 등등 계산하여 기재할 수 없을 만큼 그 수는 무한하다.

당신은 '감사합니다.'라는 말을 사용하고 있는가 ?

나는 그렇지 않다.

교내에서 선생님들의 찬탄을 받을 때, 나의 발표가 주의를 환기시킬 때, 칭송의 언어가 나에게 와 닿을 때만 비로소 나는 '감사합니다.'라는 말을 사용한다.

우리의 인생은 헛되지 않았고 그렇기에 더욱이 무한한 베풂을 실천해야 한다.

당신은 '감사합니다.'라는 말을 얼마나 사용하고 있는가 ?

앞으로 살아갈 인생의 길이는 길지만 인생의 절반도 채 살지 않은 우리는 앞으로 얼마나 많은 사람들을 만나며 대화를 오가게 될까?

자신의 미래를 들여다볼 때에 과연 현재보다 우리는 감사하다. 라는 말을 얼마나 더 빈번히 사용할 수 있을까?

직장생활을 하고 있는 혹은 학창시절을 보내고 있는 우리는 자신이 속한 무리의 사회에 더욱이 많은 의사소통을 필요시 한다.

'뭐해?', '보고 싶어', '장난이야' 등등 언어의 사용성은 무궁무진하지만 과연 우리는 감사의 의도를 전달하였는가?

당신은 '감사합니다.'라는 말을 얼마나 많이 사용하고 있는가 ?

혹여나 하는 의문에 빠진다.

감사해야 할 일에 있어서 우리가 너무 익숙해져 그를 당연시하게 여기고 있는 것이 아닐지.

이 글을 쓰는 나도, 이 글을 읽는 독자들도 모두 인격을 가진 사람이다.

자신이 감사의 말을 들을 때에는 괜스레 슬펐던 일들은 잊고 행복해진다.

하지만 감사의 말을 전할 때에는 어떠한 감정보다 쑥스러움이 앞선다.

왜 그런 것일까? 단지 자신의 감정을 전달하는 데에 미숙해서 그렇다고 생각한다.

우리는 앞으로의 미래가 창창하다고 자부할 수 있기에 이러한 감정전달에 있어서 더욱이 능숙해져야 하며 상대방의 인격을 존중할 필요가 있다.

감사함을 표현하는 것은 절대 비난받을 행동이 아님에도 불구하고 우리는 감사를 상대에게 표하지 못하는 상태에 머무르고 있다.

당신은 '감사합니다.'라는 말을 얼마나 많이 누구에게 사용하고 있는가?

오늘 '감사합니다.'라는 단어를 써본 적이 있는가?

나는 없다. 하지만 오늘의 나를 되돌아보면 감사해야 하는 일들은 분명히 있을 것이다.

너무 광범위하다면 사소한 것 하나하나 따져볼 필요가 있다.

나의 SNS에 댓글을 달아준 나의 지인들에게, 나와 함께 업무를 진행하고 있는 팀원들에게, 나와 사진을 찍어준 나의 사랑스런 친구들에게, 언제나 밥을 차려주시는 혹은 차려주신 부모님들 등 말이다.

하지만 오늘의 나는 감사를 전달하지 못했다. 당시엔 무념무상하고 왜 이게 감사하다고 해야 할 일인가? 라는 의문이 들 수도 있다. 역으로 생각해보자.

나의 SNS에 댓글을 아무도 달아주지 않고, 나와 업무를 진행하고 있는 사람이 아무도 없이 솔로플레이를 해야 하며 나와 함께 사진을 찍어주지 않고 아무도 나에게 식사를 제공해주지 않는다고 가정하자.

권태를 느낄 것이다.

이는 절대로 필수불가결하게 일어나는 것이 아니다. 우리가 겪는 모든 행동들은 우리에 대한 관심과 배려와 존중에 의해 일어난다.

당신은 '감사합니다'라는 말을 얼마나 많이 누구에게 어떻게 사용하고 있는가?

이 글을 읽고 난 후라도 늦지 않으니 부모님들 친구들 혹은 나의 지인들에게 감사하다라는 말을 전해보는 것은 어떨까? 물론 반응은 '갑자기?' 따위의 형태일 것이지만 그에 대한 답변으로는 '그냥 내 곁에 있어 줘서 너 존재만으로'가 아닐까?

이 글을 읽고 있는 당신은 '감사합니다'라는 말을 사용했는가?

조금은 뜨거운 한마디, 감사합니다.

C:0 M:20 Y:5 K:0   C:40 M:10 Y:5 K:0

진정한
성취란?

장은정

난 좋은 성적을 받기를 원한다. 좋은 대학을 가서 좋은 직장을 얻어 벤츠를 타고 좋은 남편을 만나는 것이 나의 꿈이었다. 하지만 문득 '그다음엔?' 이런 생각이 들었다. 갑자기 그다음 미래가 보이지 않았다. 스스로에게 물어보았다. '무엇 때문에 좋은 성적을 받아 멋진 삶을 살아야 하는 거지?' 이 질문에 '행복해지니까'라는 어쩌면 너무나도 당연한 답을 했다.

그러면 행복은 무엇일까? 풍요로움? 승리?
과연 이런 것들이 나를 행복하게 할까?
승리하더라도 끝까지 행복한가?

스스로에게 묻는 질문은 계속되었다. 사실 생각해보면 승리를 해도 끝까지 행복하지 않을 것 같았다. 오직 승리라는 것보다는 오히려 남을 돕는 것이 나를 평생 행복하게 해줄 수 있을 것 같았다. 그래서 진정으로 행복하게 살려면 이런 방면으로 꿈을 정해야겠다고 생각했다.

모두의 행복을 추구하는 것이 나의 행복이자 성공인 것 같다. 이런 것을 추구하며 살아가려 하지만, 가끔은 숨어 있던 욕망이 올라와서 다시 '나'의 성적, '나'의 차 이런 것들이 중요하게 여겨질 때가 있다. 그래서 '아차!' 할 때가 있다. 모두의 행복을 추구하는 목표가 일의 성과를 높여준다는 것을 다시 알아차릴 때 다시 모두의 꿈으로 돌아온다.

성과가 좋고 결과가 좋더라도 그것은 나의 성취가 아니다. 그것은 우리의 성취다. 학교 공부를 할 때 어쩔 수 없이 경쟁에 놓이게 되지만 '내' 성적을 위해 공부하는 것보다 친구들에게 도움을 주기 위해 공부할 때가 더 행복한 것 같다. 그러다 보니 성취는 따라오게 된다.

흔히 성공(성적, 돈, 사회적 위치 등)이 우리에게 행복을 가져다준다고 생각한다. 그러면 '직업적 성공, 남들에게 인정받는 것, 돈을 많이 버는 것이 과연 진정한 성공의 모습일까?'라는 의문이 들었다.

난 꿈의 성취가 성공이라고 생각한다. 여기서 꿈은 직업적 꿈이 아닌 선한 영향력을 끼치는 것과 같은 꿈을 말한다. 꿈을 정할 때 직업을 정하면 그 직업을 이루고 나서는 꿈이 사라지게 된다. 먼저 궁극적인 목적(비전)을 정하고 나서 그것을 실천하기 위한 수단으로 직업을 선택하는 것이 더 맞지 않을까? 난 지금까지 반대로 생각해 왔다는 것을 깨닫고 꿈을 다시 설정하기 시작했다. 이렇게 하면 직업을 이루기 위해 경쟁하는 것이 아니다. 나의 꿈은 경쟁할 수 있는 꿈이 아니어서 경쟁에서 이기고자 하는 욕망도 사라졌다.

욕망이 사라지고 나니 돈, 명예 등에 가려져 보이지 않던 꿈들이 보이기 시작했다. 단순히 돈을 벌기 위해 대학을 준비하지 않고 내가 진정으로 도움이 되는 일을 바라게 되었다. 이런 삶을 추구하다 보니 난 나의 사명인 '모든 생명체가 조화롭게 사는 삶을 만들기 위해 노력하는 사람'을 설정하게 되었다. 신기하게도 고민해가며 정한 것이 아니라 저절로 떠올랐다. 이 모든 일이 욕망이 사라지고 나서 생겼다.

나에 대한 탐구, 의식 저편에 숨겨진 것들을 찾아가다 보니 이제는 경쟁하는 삶이 아닌 조화의 힘을 바라보는 사람이 된 것 같다.

C : 100 M : 85 Y : 0 K : 35   C : 85 M : 0 Y : 100 K : 10

사소한 행복

정서희

사람은 자신이 어떤 선택을 해야 더 행복할지 고민하고 행복을 위해 살아간다. 대부분의 사람들의 목표는 행복한 삶이 아닌가 싶다. 나도 행복하던 순간들이 기억에 오래 남는다. 그리고 행복을 위해 살아간다. 내가 꿈을 위해 공부하는 것도 더 나은 삶을 위해 선택하는 것도 그 끝에는 다 행복이라는 무언의 목표 때문이다.

지금보다 좀 더 어렸을 때는 그저 커다란 행복 즉 눈에 보이는 성취만이 진정한 행복이라고 생각했다. 사소한 행복은 그저 별거 아니라고 생각했고 나는 나이가 조금씩 들어가며 비로소 어릴 때의 내가 어리석었다는 것을 깨달았다.

진정한 행복이 무조건 커다란 것만이 아님을 중학교 1학년 때 깨달은 것 같다. 항상 소소하게 웃으며 학교생활을 하고 별것도 아닌 일에 친구들과 하루 종일 웃고 떠들며 지내는 이 생활이 바로 사소한 행복이었다.

하지만 이 행복이 소중한 줄 몰랐고 이런 것을 깨달은 것은 친구들과 헤어졌을 때이다. 혼자 지내보니 전혀 행복하지 않았고 다시 친구들이 보고 싶었다. 사소한 일로 웃던 그때가 그리웠고 별것도 아닌데 티격태격하며 싸우고 금방 화해하고 웃던 것이 그리웠다. 그런 사소한 행복이 진정한 행복이었다. 그때 이후로 사소한 행복을 느낄 때마다 너무 감사했다. 내가 이런 행복을 느끼는 것에 말이다.

행복이 마냥 좋지는 않다. 폭풍이 치기 전 바다는 고요하다는 말도 있지 않은가. 행복한 와중에도 갑자기 불행이 찾아올까 봐 겁이 나서 최대한 이 행복을 즐기려고 놓치지 않으려 애썼던 것 같다. 행복 뒤에 가끔 찾아오는 불행한 상황들 때문에 트라우마(trauma)가 생겨 행복을 느끼는 횟수가 점차 감소했을 때 나는 또다시 행복을 느끼던 그때가 그리웠다.

그러던 중 '행복을 무작정 기다리지만 말고 행복하다고 생각하면 불행도 행복한 생각으로 바뀌지 않을까?' 하는 호기심이 생겼다. '긍정적인 생각'. 정말 신기하게도 이 긍정적인 생각을 하면 할수록 세상을 보는 눈이 달라지는 것이 느껴졌다. 예전에는 아무 느낌이 없던 아주 사소한 것에서도 조금씩 즐겁고 행복한 감정을 느낄 수 있었다. 긍정적인 생각, 어떻게 보면 너무나 단순한 이것이 나에게 행복감을 느낄 수 있게 해 주었고, 마음을 평화롭고 차분하게 만들어 주었다.

생각만 조금 바뀌었을 뿐인데 매일이 소소한 행복으로 가득 차고 있다. 이런 순간순간들이 나에게는 참으로 소중하다.

잃어봤기에 그것의 소중함을 깨달을 수 있었다. 무언가를 잃는다는 건 꼭 나쁜 것만은 아닌 듯하다.

C·5 M·0 Y·30 K·0   C·20 M·0 Y·10 K·0   C·85 M·0 Y·40 K·0   C·0 M·65 Y·100 K·0

노란색

최은지

노란색을 보면 사람들은 대부분 올망졸망한 병아리나 옹기종기 모여 핀 개나리를 떠올린다. 왜 노래도 있지 않은가?

"나리나리 개나리 입에 따다 물고요. 병아리 떼 종종종 봄나들이 갑니다~"

그렇게 습관처럼 노란색을 보면 저절로 개나리와 병아리를 떠올리듯 나는 노란색을 보면 어느 순간부터 내 친구 '개나리'가 떠올랐다. 개나리는 그녀의 오랜 별명이다.

중학교에 막 입학한 날 처음으로 나라를 만났다.

한눈에 봐도 우리보다 한참은 더 위에 있는 시선, 똑 부러지는 말투, 모두가 지루하게 생각한 교장 선생님의 훈화 말씀을 진지하게 듣고 있는 것이 분명한 빛나는 눈. 이래저래 나라는 눈에 많이 띄는 아이였다.

나는 나라를 보자마자 바로 친해져야겠다고 생각했지만 맨 앞에 있는 내가 맨 뒤에서 위풍당당하게 서 있는 나라에게 다가갈 수는 없었다. 나는 어디까지나 방금 초등학교를 졸업한 어린아이에 불과했고 한 번뿐인 중학교 입학식을 망칠 용기는 없었다.

다행히 우리는 모두 같은 반이었기 때문에 나는 마침 딱 좋은 기회라 생각했고 입학식이 끝난 뒤 그녀에게 말을 걸겠다고 결심했다. 하지만 우리는 입학식이 끝나자마자 바로 반으로 들어가야 했다. 나는 아쉬움에 다른 친구의 팔짱을 끼고 나라 주위를 서성거렸다.

그 순간 갑자기 나라가 바닥에 그대로 주저앉았다.
너무 놀란 나는 친구를 끌고 뛰어갔다. 다급히 쓰러져 있는 나라에게 무슨 일이 있냐고 묻자 그녀는 울먹거리며,
"다리에… 쥐가 났나 봐… 안 움직여…"라고 말했다.
그 모습이 어찌나 귀엽던지, 피식 웃음이 났다. 그렇게 나라의 팔짱을 끼고 부축해서 우리는 교실로 갔다.

나라는 가는 길 내내 연신 고맙다고 말다. 나는 괜찮다며 그녀에게 나와 친구를 소개했다.
"내 이름은 최은지야. 얘는 전민영! 나는 그냥 편하게 김치라고 불러!"

우리 셋은 그렇게 친구가 됐다.

그 나이대 막 친해지기 시작한 아이들이 그러듯 우리는 서로의 이름과 생김새를 잘 조합해서 부르기 쉬운 별명을 만들었다.

그리 커다란 의미가 있는 별명은 아니었지만 우리들은 그 별명을 짓고 한동안 익숙해지러 노력하며 서로에게 점점 가까워졌다.

나라는 너무나도 착하고 바른 아이였다. 거짓말처럼 나와 나라는 한 번도 싸우지 않았다. 나라에게 화를 내는 건 상상조차 할 수 없었다. 그만큼 나라가 선을 잘 지켰기 때문이었다.

나라는 항상 활짝 웃었다.

나는 그 모습이 그녀의 별명인 개나리와 잘 어울린다고 생각했지만 말을 하면 부끄러워할 그녀를 위해 함구했다. 마땅히 받아야 할 칭찬마저 부끄러워하는 그녀의 수줍음이 나는 마음에 들었다.

그렇지만 나라는 친구들에게 칭찬 아끼지 않았다. 아주아주 사소한 것이라도 나라는 늘 "우와!"라는 짧은 외침과 함께 칭찬을 하였다. 그녀의 그런 노력 아닌 노력이 빛을 발하듯 칭찬에 유난히 인색하던 나마저도 그녀처럼 되기 시작했다.

사소한 것에도 고마워할 줄 알고 아낌없이 칭찬하는 그녀를 싫어할 사람은 아무도 없을 것이다. 무려 나 같이 제멋대로인 아이도 바꾸어 놓았으니 말이다.

　그런 나라가 사회에 나가서도 때 묻지 않은 그대로 행복했으면 좋
겠다.
　봄의 시작을 알리는 개나리처럼 그녀의 노란 미소를 영원히 볼 수
있길 바란다.

C:0　M:0　Y:100　K:0　C:0　M:0　Y:90　K:0

C:0　M:0　Y:80　K:0　C:0　M:0　Y:70　K:0　C:0　M:0　Y:60　K:0

YOLO 인생
(You Only Live Once)

이아영

'**小**확행'이 무슨 뜻인지 아십니까?

소확행 이란 일상에서 느낄 수 있는 작지만 확실하게 실현 가능한 행복이라는 말의 줄임말입니다. 미니멀리스트(단순하고 간결한 삶을 추구하는 사람)의 삶을 생각해보면 더 이해하기 쉬울 것입니다. 미니멀리스트는 최소한의 요소로 불필요한 경비는 줄이고 그 안에서 최대로 즐기며 살아가는 지향적인 사람들입니다. 우리 주변을 이루고 있는 모든 것들이 사실 나에게 꼭 필요한 것이 아닌데도 곁에 두려고 합니다. 늘려나가기보다 줄여나가는 것에서 얻는 행복도 중요할 텐데 말입니다.

감정과 관련해서 이야기를 해보려고 합니다. 복잡하고 부정적인 감정을 머릿속에, 마음속에 뒤죽박죽 쌓아두는 것이 아니라, 일부의 감정은 밖으로 내보내서 감정을 정화시킬 수 있어야 한다는 것을 말하고 싶습니다. 세상에 필요 없는, 있어서는 안 되는 그런 나쁜 감정이란 건 없습니다. 하지만 나를 힘들게, 고통스럽게 만든다면 그것은 나에게 있어 좋은 감정은 아닐 겁니다. 부정적인 감정을 인정하는 순간 그 감정은 나에게서 조금씩 물러납니다. 감정이란 것은 자신을 알아주길 간절히 바라는 존재니까요. 그렇게 부정적인 감정을 정리하고 긍정적인 감정으로 충만한 삶. 물건의 미니멀리스트가 아닌 감정의 미니멀리스트인 삶. 이런 것도 '소확행'적인 삶이 아닐까요?

사람들은 긍정적인 것보다 부정적인 것을 더욱 강하게 받아들이는 경향이 있습니다. 그럴수록 나쁜 일들은 기억 속에 진하게 남습니다. "왜 나는 행복하지 않지?"라고 생각이 든다면 앞서 말한 소확행을 떠올려 보세요. 작지만 확실한 행복!

저에게 행복이란 오래간만에 옷을 차려입고 외출을 하거나, 가족에게 요리를 해주는 것, 운동하면서 땀을 흘리는 것, 주말에 늦게까지 이불에 쏙 들어가 밀린 잠을 자는 것 등입니다. 행복할 때를 생각해보니 이렇게 많습니다.

또한 일상 속에서 반복되는 일에서도 작은 행복을 느낄 수 있습니다. 시험이 끝나면 친구들과 치킨집에 갔다가 소소하게 카페 가서 수다 떨고, 학교에서 밥 먹은 후에 점심시간에 잠깐 떠들고. 이럴 때마다 나와 함께 해주는 사람들에게 고마움을 느끼고 그 관계 속에서 행복한 것을 느낍니다. 옆에 같이하는 사람과 행복하다면 외로울 틈이 없을 것이라는 건 확실합니다.

티끌 모아 태산이란 말처럼 일상 속에서 행복을 찾으면 우리의 행복은 더 커지지 않을까요? 복잡한 세상에서 머리까지 복잡하면 안 되겠죠? 좋은 것만 생각하고 살기에도 우리 인생은 짧습니다. 가끔은 바보같이 멍도 때리고, 좋아하는 노래를 흥얼거리는 여유 정도는 가지고 사는 삶을 살아갑시다. 단순하게 사는 것도 이 세상사는 방법 중 하나입니다.

여기 우리가 있는 힘껏 행복해야 할 이유가 있습니다.

하버드대학 행복에 관한 연구에 따르면 내 친구가 행복할 경우 내가 행복해질 가능성은 15% 증가하고, 친구의 친구가 행복하면 10%, 심지어 친구의 친구의 친구가 행복할 때도 내가 행복해질 확률이 6% 늘어난다고 합니다. 이렇듯 행복은 한 곳에만 머무는 것이 아니라 멀리 퍼지기 때문에, 행복해야 할 필요가 있습니다.

모두가 행복해지기 위해 나 자신이 행복해지려고 노력해 봅시다. 작은 목표를 세워 하루하루를 실천해 나간다면 삶은 조금 달라지지 않을까요?

C : 40 M : 0 Y : 95 K : 0   C : 0 M : 20 Y : 5 K : 0   C : 80 M : 0 Y : 0 K : 80   C : 0 M : 100 Y : 100 K : 0

목표를 위한
부지런함

정서희

To. 김민식 작가님

안녕하세요. 작가님! 저는 이제 막 고1이 된 학생입니다.

작가님이 쓰신 〈매일 아침 써봤니?〉 라는 책을 감명 깊게 읽었습니다. 저같이 항상 귀찮음 때문에 미루는 습관을 가진 학생에게는 많은 도움이 되는 책이었어요. 또한 동기부여도 많이 되었구요. 목표가 아직 뚜렷하지 않을 때 이 책을 처음 읽어보았는데 부지런함이 나를 일으켜 세우고 목표를 만들어주는 것을 알게 되었어요.

책을 읽고 나서 그때부터 시간 계획을 세우기 시작했고, 귀찮음 때문에 하지 않고 미뤄두었던 것들도 하나씩 하기 시작했어요. 저는 항상 부지런함과는 거리가 멀었는데 작가님이 글쓰기를 하기 위해 새벽마다 부지런히 일어나서서 블로그에 글을 올린다는 말을 듣고 새삼 부럽고 존경스러웠어요.

게다가 그런 꾸준함이 블로그 방문자들을 늘게 했다는 사실도 저는 아직도 대단하다고 생각합니다. 사실은 처음에 책만 읽었을 때는 목표가 생기기 전이라서 진짜 저렇게 노력하고 부지런히 하면 꿈이 이루어지나 많이 생각했어요.

한마디로 안 믿었죠!

그러다가 나도 한번 꾸준히 무언가를 해봐야겠다는 생각이 들었어요. 그래서 플래너로 계획을 세우고 공부를 하기 시작했어요. 등교도 거의 1시간 일찍 해서 조용한 학교에서 공부를 시작해 보았어요. 그리고 계획 세웠던 공부는 그날 꼭 끝내고 잘 정도로 꾸준히 노력했답니다. 그랬더니, 성적이 갑자기 쑥 올랐어요!

중학생 때는 반에서 10등 안에 들까 말까 하던 저였는데
꾸준히 한 보람이 있었는지 고등학생이 되고 나서 처음으로 성적이 많이 올라갔어요. 다 작가님 책을 읽은 덕이었습니다.

그리고 목표를 정하기 시작했어요. 목표가 있으니 귀찮음이라는 감정은 사라지고 부지런히 목표를 향해 달려나가고 있는 나만 남았습니다.

목표가 생기니 내가 무엇을 하고 싶은지도 알게 되어서 꿈도 확실하게 정하게 되었고 더욱 많은 작은 목표와 계획들을 만들어서 살

아가고 있습니다.

　작가님의 책을 통해 부지런함이 나에게 주는 것이 무엇인지 제대로 알게 되었습니다.

　감사해요. 작가님!
　더 이상 귀찮아서 미루는 일은 없을 것 같아요.
　저의 가장 큰 문제점을 해결해주신 작가님 존경합니다.

2018년 4월
From. 고1 학생

C 10　M 0　Y 5　K 0　　C 20　M 0　Y 5　K 0　　C 75　M 20　Y 5　K 0　　C 80　M 90　Y 25　K 0

계절마다
주는 느낌은
다르다

손지원

계절의 흐름을 보면 세월의 흐름도 느껴진다. 우리나라는 일 년에 사계절을 지나게 된다. 추워서 언제 따뜻해지냐 하면 벚꽃들이 얼굴을 내밀고 살랑살랑 봄바람이 부는 봄이 오고, 짧디짧은 봄이 지나가면 집에서 나가기만 해도 아이스크림이 먹고 싶고 시원한 계곡물에 빠지고 싶은 여름이 온다. 그러다가 시원한 바람이 불면서 단풍이 무지개 빛깔로 물들면서 가을이 온다. 그리고 잎이 떨어지고 다시 겨울이 온다. 그러면서 해가 바뀐다.

우리는 사계절을 느끼며 계속해서 살아왔고 앞으로도 느끼게 될 것이다. 매년 느끼는 것이지만 계절은 올 때마다 새롭고 적응이 되지 않는다.

나는 가을을 좋아한다. 시원하고 덥지도 춥지도 않은 기분 좋은 온도가 나에게는 안성맞춤이기 때문이다. 내가 좋아하는 남방과 가을은 정말로 찰떡궁합이다. 그래서 더 좋다.

해 질 녘이나 틈틈이 구름이나 하늘 보는 것도 좋아한다. 계절마다 하늘을 보고 있으면 그것들이 주는 느낌이 다르다. 봄의 하늘은 약간의 텁텁한 느낌이다. 꽃가루나 미세먼지로 하늘이 뿌옇게 보여서 눈을 비비고 봐도 변화가 없는 속이 조금 답답해지는 그런 하늘이다.

가을을 좋아하는 내가 제일 싫어하는 계절이 여름이다. 하지만 여름도 여름만의 장점이 있는 것 같다. 오랜만에 아빠 차를 타고 외식을 하러 나갔다. 차를 타고 도로를 달리고 있는데 선팅이 진하게 된 차의 창문을 뚫고 해가 들어왔다. 오후 6시가 훨씬 지난 시간이었는데 해는 이제야 산을 넘을까 말까 하고 있었다. 그 해를 보면서 여름 해같이 뜨거워 보이지 않았다. 따뜻하게 느껴졌다.

외식을 하러 가서 기분이 좋아서 그랬는지 노을이 너무나 예쁘게 보이면서 나의 감정은 벅차올랐다. 해가 지는 노을을 보면서 여름도 나쁘지만은 않구나…라는 생각이 들었다. 올 여름 정말 사람이 숨도 쉴 수 없을 만큼 괴롭혀놓고 해가 질 때는 그 해를 미워할 수 없게 예쁜 모습으로 날 감동시키니 말이다. 여름의 하늘은 보기만 봐도 뜨겁게 내리쬐는 태양으로 눈이 따가워진다. 더운 여름 날씨는 싫어하지만 너무나도 깨끗한 하늘을 보고 있으면 나도 모르게 미소를 짓게 된다.

가을 하늘은 정말 시원하다. 시원한 바람을 맞으며 바라봐서 그런지 구름의 모양도 딱 가을 하늘이다.

겨울에는 새벽의 차디찬 공기와 어스름한 느낌의 하늘이 좋다. 아직은 해가 얼굴을 내밀기 전 하늘 말이다.

겨울의 어느 날. 생각보다 눈이 빨리 떠졌다. 베란다로 가서 창문을 열고 밖을 보았다. 하늘에는 별과 달과 해가 모두 함께 있었다. 나가서 크게 숨을 들이쉬었다. 막혀있던 코도 뚫을 만큼 추우면서 속이 시원해지는 깨끗한 공기였다. 새벽하늘을 보고 있으니 눈이 깨끗하게 정화가 되는 것 같았다. 도화지랑 색연필을 가지고 와서 당장이라도 그림을 그려 간직하고 싶다는 생각도 들었다. 이것이 바로 겨울 하늘의 매력인 것 같다.

계절의 변화를 새롭게 받아들이는 것은 그 계절의 매력을 하나씩 더 찾아낼 수 있다는 장점이 있다. 앞으로도 나는 계절의 변화와 세월의 흐름을 함께 느끼며 살고 싶다.

혹시 여러분들도 계절의 변화를 매년 새롭게 느끼면서 말로 표현할 수 없는 감정을 느끼나요?

나도 모르게 하늘을 올려다보며 어떤 감정을 느끼지는 않나요?

C:25 M:0 Y:0 K:0   C:0 M:30 Y:20 K:0   C:0 M:0 Y:0 K:55   C:0 M:0 Y:95 K:0

색(色)에
대한
감정들

손지원

인생은 새하얀 도화지이고, 인생에서 겪는 수많은 사건들은 팔레트에 있는 물감이다. 세상에는 수많은 색이 존재하여 그 색의 이름이 무엇인지도 모른 채 우리는 살아간다. 나의 인생에 어떤 색이 얼마만큼 진하게 칠해져 있는가에 따라 나의 감정은 달라진다. 색별로 사람마다 느끼는 감정이 다르다는 것이다.

지금부터 색별로 있는 나만의 이야기와 내가 느끼는 색에 대한 감정에 관해 이야기해 볼까 한다.

우선 빨간색.
빨간색 하면 무엇이 떠오르는가? 나는 빨간색 하면 강렬하고 뜨거운 느낌이 든다. 그래서 강한 성격이 아닌 나에게 빨간색 립스틱은 어울리지 않는다고 생각했는데 다양한 색의 립스틱을 발라보니 나한테 빨간 립스틱도 어울린다는 사실을 알게 되었다. 그러면서 나의 내면에도 내가 모르는 강렬함이 있을지도 모른다는 생각이 들었다.

주황색.

내가 가장 좋아하는 색이다. 좋은 기회로 울산대학교에 자소서 및 모의 면접 특강을 간 적이 있다. 그곳에서 나를 소개하는 시간을 가졌는데 내가 가장 좋아하는 색이 무엇이고 그 이유는 무엇인지 적었던 것이 아직까지 기억난다. 나는 주황색을 좋아하고, 이유는 따뜻해 보여서라고 했다. 언제부터 주황색을 좋아하게 되었는지 잘 모른다. 확실한 건 그때의 자기소개 시간 이후부터 주황색을 더 좋아하게 되었다는 것이다. 내가 진짜 그 색을 좋아해서 그런 건지 그 색을 좋아하도록 뇌가 조종하고 있는 것인지 알 수 없지만….

노란색.

노란색은 평소에 내가 좋아했던 색은 아니다. 정확히 말하면 올해 들어 관심이 생기고 좋아하게 된 색이다. 원래 밝은 원색의 옷을 좋아하지 않는다. 몸을 더 확장시켜 보여주는 듯해서. 그런데 어느 날 우연히 노란색 옷이 눈에 들어왔고, 나도 모르게 충동 구매했다. 그 일이 있고 난 뒤로부터 노란색 옷에 대해 매력을 느끼게 되고, 노란색이랑 점점 더 친하게 되어 옷장 속에 노란색 옷이 몇 개씩 자리 잡게 되었다.

초록색.

초록색 하면 산이 떠오른다. 같은 초록색이라는 이름을 가지더라도 하늘 아래 같은 색은 없듯 같은 초록색은 없다. 우리 주변에 산을 보더라도 그렇다. 분명히 멀리서 보면 그냥 초록색 산인데 자세히 보면 산에는 같은 초록색이 없다. 노란색이 얼마나 더 첨가 되냐 덜 첨가되냐에 따라서 연두색도 될 수가 있다. 산을 바라보고 있으면 산에 물들어 있는 색이 저마다 풍기는 느낌이 다르다는 것을 깨달을 수 있다.

파란색.

파란색 하면 바다가 떠오른다. 어렸을 때 항상 바다를 그리면 파란색 색연필로 그리곤 했다. 파란색 자체가 풍기는 느낌은 시원함과 따뜻함이 공존한다. 바다의 파란색이면 시원한 바다의 향기가 날 것만 같고, 파란색에 흰색이 더해져 하늘색이 되면 새들이 자유롭게 날아다니는 하늘이 떠오른다. 그런 맑고 푸른 하늘을 보고 있으면 따뜻함을 느껴지며 그냥 기분이 좋아진다. 기분이 나쁘거나 우울한 일이 있어도 파란색을 보면 그 기분을 잠시 잊게 된다. 가족들이랑 산보다는 바다를 더욱 자주 놀러 가는데 시원하게 뻥 뚫린 바다를 보고 있으면 팔을 활짝 벌리고 나를 반겨주는 느낌이 든다. 나를 따뜻하게 품어주는 느낌이 든다.

남색.

청바지도 남색이고 옷도 남색이 많은데 나는 야자를 마치고 집에 올 때 보이는 밤하늘이 떠오른다. 마치 밤하늘이 스케치북이라도 된 듯이 검은색과 남색은 조화를 이루고 있고, 그 사이에서 자신만의 색깔을 빛내고 있는 별들이 박혀있는 밤하늘. 날씨가 맑은 날이면 달과 별은 친구라도 된 듯이 서로 붙어서 밤하늘의 주인공이 서로인 듯이 뽐내고 있다. 여름에 시원한 밤공기를 마시며 하늘에 수놓아져 있는 별들을 보고 있으면 지상낙원이 따로 없다. 하루 동안 있었던 좋지 않았던 일은 지워지고 좋은 일들은 별똥별이 떨어지는 것처럼 다시 머릿속을 스치게 된다.

보라색.

2018년 올해의 컬러여서 그런지 최근에 관심이 생긴 색 중 하나다. 보라색 하면 좋아하는 포도가 떠오른다. 보라색 하면 되게 진한 보라색만을 생각했는데 흰색을 섞으면 연보라색이 된다. 연보라색을 보고 있으면 따뜻하면서도 푸근한 것이 기분이 좋아진다. 간혹 현실적이지 않은 묘하고 신비로운 보라색을 보고 있으면 마치 내가 우주에 와있는 느낌이 들어 기분이 든다.

하얀색.

하얀색 하면 무엇이 떠오르는가? 구름? 하얀 와이셔츠? 등등…

나는 벨루가가 생각난다. 벨루아는 넓디넓은 푸른 바다에 깨끗하고

맑은 영혼을 소유하고 있는 흰고래이다. 벨루가는 아쿠아리움에 가

면 볼 수 있는데 특히 아이를 좋아한다고 한다. 아이를 향해 즐겁다

고 웃어주고 앞에서 어리광도 부린다고 한다. 실제로 벨루아를 본

적은 없지만 TV나 각종 미디어 매체를 통해서 보았을 땐 정말이지

바다 속의 천사 같았다. 그 아이를 보고 있으면 내 영혼마저 깨끗하

게 정화되는 느낌이 들었다. 하지만 넓은 바다에서 자유롭게 다니지

못하고 좁은 아쿠아리움 수족관 속에 있는 벨루아를 생각하면 마

음이 아프다. 본래 살던 파란 바다 속에서 천사같이 하얀색을 뽐내

며 유유히 헤엄치는 벨루아를 머릿속으로 그려본다.

이렇듯 색별로 사람마다 생각하는 것이 다르고 느끼는 감정이 다

르다. 그냥 색을 보고 무슨 색인지 말할 것이 아니라 그 색을 보고

개개인이 느끼는 감정이나 떠오르는 생각들을 이야기해 보는 것은

어떨까?

여러분의 인생이라는 도화지에는 어떤 색이 칠해져 있나요?

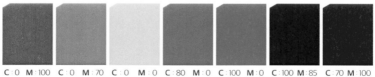

C:0 M:100   C:0 M:70   C:0 M:0   C:80 M:0   C:100 M:0   C:100 M:85   C:70 M:100
Y:100 K:0   Y:100 K:0   Y:100 K:0   Y:100 K:0   Y:0 K:0   Y:0 K:0   Y:0 K:0

내 안의
놀라운 힘

장은정

나에겐 가끔 엄청난 용기가 솟아오를 때가 있다. 예전에 무서워했던 벌 떼 사이로 지나가는 용기, 모둠에서의 발표를 지원해서 나가는 용기, 보지도 못하는 공포영화를 보러 가는 용기, 어렸을 때 갑자기 혼자 자기 시작한 용기, 잘못한 일을 가서 고백한 용기 등. 나에겐 두려움을 뛰어넘은 용기의 경험이 있다. 그때는 나의 의지와 상관없이 일이 갑자기 추진되며 발표를 해 좋은 결과를 받는 것처럼 좋은 성과가 따랐다. 별 것 아닌 일이라도 나의 용기가 실현되었다는 점에서 아주 가치가 있는 경험인 것들이 많다.

대부분 상황은 두려움이 날 소심하게 했지만, 숨어있던 용기가 나오면 한없이 자신감이 넘치는 사람으로 바뀌는 내가 신기했다. 이 경험이 점점 나를 용감하게 했고 무엇보다도 두려움을 뛰어넘을 수 있다는 희망을 갖게 했다. 점점 난 두려움을 뛰어넘으려 시도하는 사람이 되어갔다.

'왜, 어떻게 나에게 용기가 생겨났을까?'라는 생각을 해봤다. 이제까지는 내 존재 자체가 두려움이라고 무의식적으로 생각했던 것 같다. 두려움이 나의 모습인가, 용기가 나의 모습인가. 내 느낌상으로는 두려움으로 감춰져 있는 용기가 비집고 나온 것 같았다. 적어도 용기는 두려움보다 강하다. 이 느낌만 기억해도 든든해지는 기분이 들었다.

작은 용기의 경험은 점점 더 큰 용기를 불러와 지금의 나를 만들었다. 단지 발표를 잘하는 사람이 아닌 내 미래를 설계하고 나아갈 수 있는 용기를 주었다. 나의 문제를 직면할 수 있는 용기는 허황한 꿈을 꾸며 먼 미래를 그리는 것이 아니라 다가갈 수 있는 현실적인 꿈을 그리고 실천할 수 있는 힘을 주었다.

C:0 M:0 Y:100 K:0   C:0 M:100 Y:100 K:0   SW-FOrange 100

꿈

손지원

새벽이었다. 여러 생각들로 잠이 쉬이 들지 않았다. 갑자기 핸드폰으로 알람이 울렸다. 내가 좋아하는 가수 '레오'의 노래가 유튜브에 올라왔다는 알람이었다. 전혀 예상치 못했던 노래였다. 팬인 우리에게 귀띔도 주지 않은 채 몰래 작은 선물처럼 노래를 들려주었다.

제목은 〈꿈〉.

처음에는 '이게 무슨 일이야! 노래 진짜 좋다!' 하며 설렘을 가득 안고 들었다.

두 번째 들을 땐 눈을 감고 가수 '레오'의 감미로운 목소리에 집중해서 들었다. 갑자기 눈물이 볼을 타고 흘러내렸다. 새벽이라 감성이 터져 나와서도 맞지만 갑자기 슬프다는 감정이 느껴졌다. 이 노래를 들으니 내가 좋아하는 그 가수의 꿈과 인생사가 머릿속을 스쳐 지나갔다.

제목이 꿈인 만큼 나의 꿈에 대해서도 생각해 보았다. 그래서인지 가사 하나하나가 머릿속에 박혔다.

가사 중에 '끝나지 않는 하루에 갇혀 숨이 조여와도 밝게 웃으며 꿈을 그리던 그 날을 떠올려'라는 가사가 있다. 그 중'끝나지 않는 하루에 갇혀 숨이 조여와도'라는 가사가 너무 가슴에 와 닿았다. 시험 기간에 하루 종일 학교에 있다가 야자 마치고 또다시 독서실을 가고 집에 와서 겨우 씻고 잠에 드는 하루가 반복되다 보니 정말 하루가 길고 지루하고 숨이 막혔던 기억이 떠올라서 너무 눈물이 났다. 마치 나의 이야기를 노래로 만든 느낌이었다.

그리고 '밝게 웃으며 꿈을 그리던 그 날을 떠올려'라는 가사도 기억에 남는다. 노래를 단순히 들으면서 감상하는 것과 가사를 직접 보고 노래를 들으며 감상하는 것은 느낌이 많이 다른 것 같다. 노래를 그냥 들었을 때는 가사는 많이 와 닿지 않고 멜로디가 슬프다는 생각을 했다. 그런데 가사를 직접 보며 들으니 힘들어도 내가 원하는 꿈을 생각하며 하루하루 겨우 버텼던 생각이 나서 정말 공감도 많이 되고 더더욱 슬펐다.

2학년 때 책 쓰기 동아리 빅꿈나비에서 부모님을 주제로 관련 노래 가사를 보고, 그 노래를 들으며 그에 대한 개개인의 경험과 느낌을 쓴 책 <카네이션>을 보면 알 것이다. 가사 하나하나를 곱씹으며 책을 썼는데 처음에 노래를 들었을 때보다 가사가 눈에 들어오고 자신의 부모님과 겹치는 부분도 많아 공감될 것이다.

가사 중에 '헤지고 약해져도 필요치 않은 아픔은 없어…'라는 가사가 있다. 고등학생이 되고 사람들에게 상처도 받고 스스로 약해져서 포기하고 싶다는 생각을 진짜 수도 없이 했다. 이제 와 돌이켜보면 그런 것이 내가 어른이 되어가는 과정이지 않았을까 싶다. 강하게 성장하기 위해 아픔이 꼭 필요하다는 말은 아니지만 가사에서도 그렇듯 필요하지 않은 아픔은 없지 않을까?

나중에 내가 좋아하는 가수 '레오'가 이 노래가 수록된 앨범을 냈다. 인터뷰를 한 영상을 봤는데 앨범 전체가 자신이 작사한 노래들로 이루어져 있다고 한다. 나는 내가 좋아하는 가수도 연예인이기 전에 한 사람이란 것을, 나와 비슷한 고민을 하였던 청소년기를 지난 사람이란 것을 깨달았다.

내가 좋아하는 가수 '레오'는 10대인 나에게 희망이 되는 노래를 들려주었다. 과연 노래를 들으며 눈물을 흘렸던 감수성이 풍부한 나는 미래가 되면 어떤 생각을 하고 있을까? 그렇게 자란 나는 10대의 나처럼 힘든 시기를 보내고 있는 청소년에게 어떤 이야기를 들려줄 수 있을까?

C:0 M:35 Y:80 K:0   C:60 M:0 Y:45 K:0   C:0 M:35 Y:5 K:0

컬러를 생각하다 Ⅰ

- 컬러로 위로하기 -

가만히 눈을 감고 내 마음의 소리에 귀 기울여보세요.

지금 나의 마음을 컬러로 표현해보세요.

그 컬러의 느낌을 적어보세요.

내 마음속 아이(내면 아이)를 위로하거나 응원하는 글을 써보세요.

part 4

평화로움,
편안함,
홀가분함

"편하게 말해도 돼요.
내가 당신의 키티(Kitty)가 되어 줄게요.
당신을 보고, 당신의 말을 들을 수 있는 눈과 귀는 있지만,
말을 전할 수 있는 입은 없는.
그러니 편하게 말해도 돼요."

- 내 친구 Ella

우리에게
스머든

조미경

나는 보라색을 좋아한다. 자주색 같은 보라색도 좋고 하늘색 같은 보라색도 좋다. 왜 보라색이 좋은지는 모르겠지만 여하튼 보라색은 내가 제일 좋아하는 색이다. 옛날에는 보라색 염료가 다른 색보다 귀해서 보라색 자체가 존귀함의 상징이었다고 하는 말을 어디에서 본 것도 같다. 그게 사실이든 거짓이든 간에 보라색은 고풍스러운 색이다. 색 본연이 주는 느낌도 그렇지만 함부로 범접하여 사용하기엔 색상 자체도 조금 까다롭다. 이렇게 독특하고도 세련된 색이라서 그런지 나는 보라색을 좋아한다.

색과 사람은 어렴풋이 닮았다고 느낄 때가 많다. 친구들에게 좋아하는 색이 무엇이냐고 물어본 후 그에 대한 답을 듣고 있노라면 그 사람의 느낌이 색과 비슷하게 우러나오더라. 노란색을 좋아한다고 대답한 사람은 화사한 느낌을 주는 사람이었다. 친절하고 풋풋한 그런 사람. 또, 하늘색이라고 대답한 사람은 생각이 넓은 사람이었다. 파란색처럼 뚜렷하게 외관을 드러내지는 않지만 세상 속에 열심히 녹아들기 위해 노력하는 사람. 물론, 나의 느낌과 그 사람이 좋아하는 색이 매칭이 잘 안 되더라도 애써 찾아보자니 꼭 닮은 몇 가지씩은 나왔던 거 같다. 특히 그 사람에게서 주로 느꼈던 감정들이 색으로 나타나는 듯하다. 그렇다면 색이란 사람에게 어떤 존재일까.

좋아한다는 건 아주 사소한 것이라도 영향을 주고받는 것 같다. 생판 남남인 친구들끼리 같이 어울려 다니기만 해도 말투나 행동의 생소한 부분이 조금씩 닮아가는 것처럼. 하물며 좋아한다는데 영향을 받지 않는 것은 불가능에 가깝다고 본다. 그런데 정작 자신이 어떤 색을 좋아하는지 모르는 사람도 있다. 그런 사람을 마주하면 인생 참 각박하게 살아오셨나, 하는 생각이 든다. 그 사람이 매사에 무신경한 편일지도 모르겠지만. 그래도 자신이 어떤 것을 좋아하고 싫어하는지는 확실히 알아두는 것이 낫지 않을까. 그것이 아주 자그마한 색상일 뿐이라도, 그 색이 곧 자신이고 자신이 곧 그 색이다.

내가 가장 좋아하는 색은 보라색.
네가 가장 좋아하는 색은 무슨 색?
나의 인생과 너의 인생에서 느꼈던 감정들을 합해서 나오는 색.

그동안 어떤 감정을 느끼고 무엇을 배웠고 어떻게 살아왔는지에 따라 시시각각 달라질 색이지만 막상 너는 무슨 색인 것 같냐고 묻는다면 수월하게 답할 수 있는 사람은 많지 않을 것 같다.

당신은 무슨 색을 좋아하세요?

당신을 나타낼 수 있는 색은 어떤 색인 것 같나요?

C:0 M:15 Y:50 K:0   C:15 M:20 Y:5 K:0   C:15 M:0 Y:30 K:0

다시
꺼내본다

손지원

따스한 햇볕 아래 이 길을 걸어본 지 얼마 만인가.
초등학교를 졸업한 지도 어느덧 5년
이래저래 다니면서 길을 보았지
이렇게 직접 걸어 본 건 정말 오랜만이다.

가을은 참 걷기 좋은 계절
나의 모교인 초등학교를 지나가면서
문득 어릴 적 추억이 가을바람과 함께 스쳐 지나간다.
몇십 년 전통을 자랑하는 초등학교 앞 약국도
고등학생이 되어서야 들어가 본다.
간판은 낡았지만 글자는 보이고
가게 안은 햇볕 아래 따스하다.
약을 사서 나오고 다시 길을 걷는다.
길을 걷다 보니 푸른 하늘 아래 고개 숙인 벼들이 보인다.

한결같다.

원래는 밭이었던 곳이 건물이 하나둘씩 들어서더니
원래 밭이라는 것을 잊어버릴 정도로 변해있다.
그 밭 뒤에는 어릴 적 키우던 동물들이 잠들어있는 산이 있어
학교 마치고 이 길을 걸을 때면 인사를 하곤 했는데
이젠 건물들에 갇혀 밭은커녕 산도 보이질 않는다.

내 앞에 초등학생 남자아이 두 명이 장난치며 가고 있다.
그런 아이들을 보며 어릴 적 나의 모습을 회상해본다.
그리고 문득 이 길을 걸으며 나만 변한 줄 알았는데
한결같은 줄 알았던 이 길도 그리고 모든 것들이
나와 함께 변해버렸다는 것을 깨달았다.

드디어 집에 도착하여 10분 동안 걸으며 보았던 추억들을
그리고 나의 지난 7년을 꺼내 본다.

C:0 M:30 Y:5 K:0   C:0 M:0 Y:15 K:15   C:80 M:0 Y:100 K:0

감정의 치유

이아영

특별히 인지하지 못하고 살아가는 지금 이 순간에도 우리는 늘 감정과 함께하고 있습니다. 매 순간마다 느껴지는 감정 속에 내가 있습니다. 그래서 때론 혼란스럽기도, 행복하기도, 우울하기도 합니다. 하지만 감정에 휘둘려서는 안 됩니다. 감정의 주체가 되어 능동적으로 조절할 줄 알아야 비로소 완전하게 자신을 볼 수 있습니다.

평소 잘 참는 성격 때문에 항상 감정은 이성에 의해 통제되어야 한다고 생각했는데 때로는 이성보다 내가 느끼는 감정이 이끄는 대로 세상을 보는 것도 필요할 것 같다는 생각이 들었습니다. 무조건 덮어놓고 보는 건 내가 느끼는 감정을 무시하는 것밖엔 안 되니까요.

상처를 받은 일이 있다면 분명 짚고 넘어가야 합니다. 덮어놓기만 한다면 언젠가 곪아 터질 수도 있습니다. 그럴수록 그 상처는 돌보아 주어야 합니다. 원래 상처 난 자리는 아픕니다. 건드릴수록 더욱 고통스럽지요. 시간이 지나면 알아서 낫는다고 생각하겠지만 사실 그렇지 않습니다. 재발할 가능성도 있고 낫는다고 해도 처음과는 같지 않기 때문입니다.

상처가 난 부위에 연고를 바르듯이 감정도 마찬가지입니다. 힘든 과정일 수도 있지만 다시 그때 그 감정을 꺼내서 멸균 상태로 소독을 하면서 치료를 해주어야 합니다. 그런 일에 무심코 넘어갔다면 지금부터라도 감정이 무엇을 말하고 싶어 하는지 귀 기울여 보세요. 감정에도 치유가 필요합니다.

그러면 어떻게 치유를 하면 좋을까요? 표면상으로 티가 잘 안 나는 것 같아도 감정은 꾸준히 우리에게 신호를 보냅니다. 속상할 때, 화날 때 일어나는 마음의 변화를 잘 들여다보고, "내가 지금 이런 감정이구나." 이렇게 인정해 주다 보면 잔뜩 응어리진 감정은 사그라들 것입니다.

감정을 어떻게 잘 알아챌 수 있는지 방법을 간단히 소개하겠습니다. 다이어리나 메모지에 방금 느낀 감정을 간단하게 기록을 하면서 자신의 감정들을 알아가는 겁니다. 나중에 기록한 것을 쭉 훑어보면 감정의 변화가 눈에 쉽게 들어올 것입니다.

여러분은 감정이 무엇이라고 생각하시나요?

당신의 감정의 온도는 몇 도쯤 되나요?

'순간마다 인지하고 기록하기'를 통해 나 자신을 더 잘 이해하고 앞으로 어떤 감정으로 살아갈지에 대해 한번 생각해 보는 건 어떨까요? 그럼 상처받은 감정은 어느새 따뜻한 마음으로 채워져 있을 거예요.

C 15 M 20 Y 5 K 0   C 0 M 0 Y 60 K 0

누군가에게는

조미경

문득 귀여운 것이 보고 싶다. 작은 병아리, 강아지, 고양이, 고슴도치. 보통 내가 이런 '아가'들을 원할 때는 스트레스를 많이 받거나 심적으로 힐링 받고 싶을 때다. 작고 귀여운 동물들을 보고 있으면 마음이 안정되는 것 같다.

사람들은 제각각의 방법으로 자신을 돌본다. 동물들을 보거나 혼자 방에 틀어박혀 있는 것은 치유가 필요할 때의 내가 하는 행동이다. 물론 글을 쓰거나 그림을 그리거나 하는 방법으로 스트레스를 풀기도 하지만, 역시 힐링은 내가 아닌 다른 무언가의 도움으로 하는 게 제일 효과적인 것 같다.

'피곤함'과 '힘듦'이라고 말할 수 있는 이런 감정을 잘 다스리기 위해서는 일단 몸을 혹사시켜서는 안 된다는 것이 나의 철칙이다. 실제로 몸이 무거우면 마음까지 무거워지는 느낌을 받는다. 이런 어두운 감정들은 연약하고 예민하기 때문에 항상 주의해야 한다.

오늘은 이유 없이 피곤한 날이다. 날이 우중충해서 그런가. 금방이라도 비가 올 것 같은 날씨라서 그런 것 같기도 하다. 여전히 나는 방에 틀어박혀 있다. 이런 때에 밖으로 나가는 것은 기분 전환에 도움이 안 된다. 차라리 집 안에서 하고 싶은 것을 하고 느긋하게 쉬는 게 심신이 편하다. 게임을 하거나, 책을 읽어 보는 것도 좋은 방법이다. 그러다 보면 어느새 일렁이던 감정들이 밑바닥을 보이며 차분히 가라앉는다.

감정이란 참 신기한 것 같다. 나는 이런 어두운 날에 축 처지지만 누군가는 이런 날씨에 행복에 젖어 진정되기도 한다. 감정은 온전히 그것을 가지고 있는 사람만이 알 수 있는 것이기 때문에 소중하다고 할 수 있지 않을까. 내가 가족을 사랑하지만 내 가족이 나와 동일하게 우리 가족을 사랑하고 있는지는 모른다. 이런 면에서는 참 주관적인 것이 감정이지만 그래서 더 의미 있고 알고 싶은 것이 감정이다.

누군가가 나와 같은 기분이라고 말하며 위로해 줄 때는 그것만으로도 상당히 마음이 안정된다. 사람 대 사람으로 마주하며 내가 하나의 인격체로 대우받는 기분. 그 느낌은 온전히 사람에게서만 받을 수 있다. 내가 나를 쉬게 하는 곳은 사람의 품만이 아니지만 그럼에도 가장 아늑한 곳을 찾는다면 역시 사람의 틈이 아닐까. 물론 혼자만의 시간이 필요할 때도 분명 있다. 가끔씩은 심연 속에서 스스로의 기분을 다스리고 내 안의 나를 올곧게 바라보아야 한다. 그러나 그런 시간이 지속되면 사람은 고독해진다. 사람을 피해서 도망가지만 결국 사람을 필요로 하게 된다.

나를 치유해주는 빛과 같은 존재는 내가 쓰고 있는 태블릿이 될 수도 있고, 컴퓨터가 될 수도 있고, 책이 될 수도 있고, 단지 '방'이라는 공간이 될 수도 있다. 그러나 그것들은 언제까지나 가능성을 나타내는 것이지 확신은 할 수 없다. 단 하나, 분명하게 나를 치유해줄 수 있다고 말할 게 있다면 그것은 바로 나와 마음이 맞는 사람. 내 감정을 이해해줄 사람이다. 그런 사람이 때때로 옆에 있어 준다면 그것만으로도 상당한 위안이 될 것이다. 물론 이것은 그저 나에게만 해당되는 이야기일 수도 있다.

나는 내 주변 사람들 모두가 힘들지 않았으면 좋겠다. 그러나 만약 그들 중 누군가가 힘이 들어 위로받을 수 있는 누군가를 찾는다면 그때는 내가 그에게 도움이 되었으면 좋겠다.

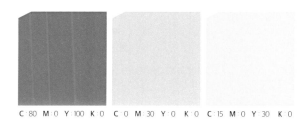

C:80 M:0 Y:100 K:0   C:0 M:30 Y:0 K:0   C:15 M:0 Y:30 K:0

새벽

최은지

새벽 3시.

하버드는 이 시간에 도서관에도 불이 훤하다는데, 나는 대체 이 시간까지 잠도 안 자고 무엇을 하고 있는지 한심하기 짝이 없다.

새벽 공기를 맡겠다는 핑계로 거리를 걷고 있었다. 새벽이라 그런지 여기가 진짜 내가 평소에 보던 곳이 맞는지 모든 풍경이 다 생경하다. 다행히 드문드문 켜진 환한 가로등 불빛 덕분에 어둡지는 않지만 이렇게 새벽에 나와 홀로 걷고 있자니 조금 두렵기도 하다.

모두가 자고 있는 시간.

겨우 한두 집 정도만 불을 밝히고 있는 아파트를 바라보니 더 그렇다. 지나다니는 차도 없고 여기서 유일하게 시끄러운 것은 술에 잔뜩 취해 나무에게 시비를 걸고 있는 저 취객뿐이다.

혼자라는 것을 깨닫자 갑자기 기분이 고양된다.

저절로 빨라지는 걸음, 커지는 보폭, 축축하고 무거운 새벽 공기마저 달콤하다. 남들의 시선에서 온전히 자유롭다는 일탈감이 온몸에 가득 채워진다. 다음날 가야 할 학교 생각은 이미 안중에도 없다.

평소에는 살찔까 억지로 참던 아주 짠 라면을 두 개씩이나 끓여 먹고, 평소 소원했던 친구와 잠깐 담소를 나누고, 평소라면 듣지 않았을 간지러운 노래들을 들으며 보기만 해도 손발이 저절로 오그라드는 '새벽 감성'이 잔뜩 묻어난 글들을 쓴다.

나는 아마 내가 아침형 인간도 야행성 인간도 아닌 새벽형 인간이라고 주장하고 나서야 쓰러지듯 잠에 들 것이다.
아침이 밝은 후는 안 봐도 뻔하다.
해가 떠오르고 폭발했던 나의 감성이 수그러든 후 새벽 감성으로 쓴 글을 보면 이불을 뻥뻥 차대고 난리를 치겠지만 딱 오늘 하루만 이 이불 킥 기질이 다분한 새벽 감성을 온전히 느끼려 한다.

C 20 M 100 Y 85 K 0   C 15 M 20 Y 5 K 0   C 0 M 5 Y 90 K 0

흐릿한 길 앞에서

조미경

여러 가지 색깔 중에서도 '불투명하다.'는 말을 보편적으로 사용하는 색깔이 있다. 사실 나는 이 색을 머릿속에 바로 떠올려 보라고 한다면 잘 떠오르지 않는다. 이상하게도 그 색이 떠오르기보단 울퉁불퉁한 액체의 형상이 먼저 생각나기 때문이다. 불투명한 색깔. 빨강, 파랑, 노랑처럼 확실한 색이 나타나는 것도 아니고, 그렇다고 속이 훤히 비쳐 보이는 것도 아닌 색을 흔히 불투명하다고 한다. 이런 불투명한 색깔을 보면 무언가 묘한 감정이 든다. 여러 가지 색깔 사이에서 갈팡질팡하고 있는 미성숙한 색깔, 그것이 불투명하다는 색이라는 느낌이 선연하게 드는 것을 지울 수가 없다. 이렇게 보니 불투명하다고 정의 내려진 색은 색깔들 사이에서도 고립되었다는 느낌이다. 왜일까.

보통 남들이 인생에서 중요하다고 하는 시기에 여러 가지 갈림길을 마주하고 그중에 하나를 골라 선택해야 한다는 것이 얼마나 스트레스받는지는 그 사람들만이 알고 있다. 그러나 솔직히 말해서 나는 일반적인 친구들보다 유연하고 태평하게 살아서 그런지 다른 고 3들이 받는 스트레스의 절반도 받지 않는다고 생각한다. 하지만 그렇다고 스트레스를 아예 받지 않는다는 것은 아니다. 이런 말을 하는 이유는 단지 현재 우리들이 머무르고 있는 상태가 불투명하다고 느껴지기 때문이다. 당장 해야 할 것은 흐릿하게나마 보이지만 먼 길은 보이지 않는다. 그러나 막상 그 길로 몸을 던지기에는 과연 어떠한 것들이 자신을 덮쳐올지 몰라 두렵다. 발을 떼긴 싫지만 가지 않을 수는 없다. 그러다가 문득 가라앉는 기분이 든다. 앞으로 잘할 수 있을까.

나는 고등학교 2학년까지 신나게 놀았다. 하고 싶은 것도 없고 원하는 것도 없고 꿈도 없고 희망도 없다는 마인드로 일순간만을 즐겼다. 그런데 2학년 11월 초에 학교 측에서 주최하는 직업특강을 듣고서 꿈이 생겼다. 친구를 만나는 것을 제외하고 인생에 별로 도움이 되지 않는다고 생각한 학교에서 한 번의 도움을 받은 것이다.

할 수 있는 것을 찾았다. 주위서 이런저런 얘기를 더 이상 듣지 않아도 되었다. 나는 나름대로 노력을 할 수 있었고 매번 실패로 끝이던 다짐을 다시 붙들어 맬 수 있었다.

색을 잡았다. 그래서 그 길로 나아가기로 했다. 목표를 잡으니 내가 가야 할 길이 보였다. 또렷하게 보이는 거리는 아니었지만 찾을 수 있을 정도의 흐릿함이었다. 불안정하고 흐릿하지만 보고 있으면 무엇이라도 해야 할 것만 같은 딱 그런 느낌이 드는 거리에서 그 색은 나를 보고 있다.

C:70 M:50 Y:55 K:0   C:0 M:0 Y:15 K:10   C:80 M:100 Y:75 K:0

- 컬러로 소개하기 -

나를 컬러로 소개해주세요.

나를 표현할 수 있는 컬러와 그 느낌을 적어보세요.

내 주위 가장 아끼고 사랑하는 사람을 표현할 수 있는 컬러와

그 느낌을 적어보세요.

part 5

사랑스러움,
감사함,
황홀함

인생에 있어서 최고의 행복은
우리가 사랑받고 있음을 확신하는 것이다.
-빅터 위고

항상
곁에 있는 따뜻함

장은정

　　내가 경험하는 감정 중 가장 힘 있고 부드러운, 그리고 항상 느끼고 싶은 감정은 사랑이다. 지금 내가 말하는 감정은 연인들의 불타는 사랑의 감정이 아니라 더 높은 차원의 사랑을 말한다. 예를 들면 부모님이 아이에게 주는 헌신적인 사랑, 반려동물이 주인에게 주는 무조건적인 사랑, 아픈 사람에게 보내는 연민의 사랑. 이런 강렬하지는 않지만 조용히 항상 곁에 있는 사랑, 이것이 진정한 사랑이라고 생각한다.

　　내가 '사랑'이라는 감정을 말하면 진정한 성인인 '마더 테레사'가 생각난다. 죽음과 맞닿아 있는 지역에서 사람들을 돕는다는 것은 그들에 대한 사랑이 없으면 불가능한 일이다. 동정으로는 가능하지 않은 연민의 태도였다.

　　난 최근에서야 부모님의 사랑을 경험했다. 엄마는 항상 나에게 사랑한다고 해주시지만, 아빠는 무뚝뚝해서 그런 표현을 잘 안 하신다. 그래서 나는 아빠가 날 사랑하지 않는 줄 알았다. 하지만 항상 나를 생각해서 간식을 사 오시고, 내가 필요한 것이 있으면 잊지 않고 구해 오시던 것을 생각해보니 이것이무조건적인 사랑이 아닐까 하는 느낌이 들었다. 엄마와 아빠 두 분의 표현방식이 다를 뿐 모두 엄청난 사랑을 쏟아주고 있다는 것을 알아차리자 부모님과 관련된 모든 기억이 '사랑'으로 바뀌었다.

사랑의 결핍을 느끼며 관심받고 싶어 했던 어린 시절의 나는 실제로는 내 주위 모든 것이 온통 사랑이었다는 것을 모르고 있었다. 그것을 이제야 깨달았다. 내가 부모님의 사랑을 어릴 적부터 알아차렸다면 언니와 차별받는다는 생각을 하지 않았을 것이다. 하지만 오히려 지금 깨달은 것이 더 큰 사랑을 느낄 수 있게 된 것 같다.

'사랑'이라는 감정을 알아차리고 나서 엄청난 행복감이 찾아왔다. 그리고 마더 테레사의 행동을 이해할 수 있었다. 그분은 인생 전체가 사랑이었다. 그래서 그분의 눈빛, 손짓 하나하나 사랑이 아닌 것이 없었다.

나에겐 또 다른 변화가 생겼다. 예전에는 돈을 많이 버는 것이 꿈이었는데, 이제는 인류와 자연의 조화를 추구하는 방향으로 꿈을 설정하고 있다. 이 모든 변화는 무한한 사랑의 감정을 느끼고 가능한 일이었다.

C 100 M 5 Y 100 K 0   C 0 M 0 Y 80 K 0   C 0 M 20 Y 30 K 0   C 0 M 30 Y 25 K 0

김밥은 사랑이다

손지원

　오늘 점심으로 엄마가 싸준 김밥을 먹으며 나 홀로 옛 추억에 잠겼다. 초등학교 때부터 소풍이나 현장학습 날이면 엄마는 어김없이 새벽부터 일어나서 김밥 재료를 준비하고 정성스럽게 싼 김밥 도시락을 나의 손에 쥐어 주셨다.

　소풍을 가서 어느덧 점심시간이 되면 친구들과 함께 자신의 도시락을 자랑하며 서로 자기 것을 먹어보라고 입에 넣어주던 기억이 난다. 친구들은 엄마가 싸주신 김밥을 먹어보곤 진짜 맛있다고 어떻게 싸신 거냐고 물어보곤 했다. 나도 엄마가 싸주신 김밥이라서도 맞지만 김밥가게랑 비슷할 정도로 맛있었다.

　중학생이 되어서도 엄마는 여전히 새벽부터 재료를 준비해서 김밥 도시락을 싸주셨다. 중학생 때 한번은 엄마에게 "엄마 힘든데 새벽부터 일어나서 김밥 싸지 말고 내가 그냥 사 먹을게."라고 말씀을 드렸다. 그러자 엄마는 "나는 안 힘들어, 괜찮아. 네가 뭐 사 먹고 싶은 거 있으면 사 먹어도 되는데 내가 힘들까 봐 그런 거면 안 그래도 돼. 김밥 만드는 것도 얼마나 재밌고 뜻깊은지 몰라. 너도 그렇고 가족들도 그렇고 맛있게 내 김밥을 먹어주잖아."라고 말씀해 주셨다. 엄마의 사랑이 담긴 그 김밥이 그날따라 더 맛있게 느껴졌다.

고등학생이 되어서는 더는 김밥을 싸서 현장학습을 간다든가 하는 일은 없었다. 하지만 엄마의 김밥이 그리워질 법하면 초등학생인 동생이 소풍 간다고 엄마가 김밥을 만들어주셨다. 그럴 때면 아침으로 김밥을 든든하게 먹고 등교할 수 있었다. 그날 이후도 가끔씩 문득 김밥이 떠오를 때면 엄마랑 통했는지 엄마가 김밥을 만들어 주시곤 했다.

어린 시절 신나게 놀기만 하던 초등학생에서 벌써 이제 일 년 후면 20살이 되는 고등학교 3학년이 되었는데, 엄마의 김밥은 한결같이 그때나 지금이나 여전히 그 맛이다. 우리에 대한 사랑이 예나 지금이나 그대로여서 맛도 그대로일까?

C : 0 M : 25 Y : 0 K : 0   C : 0 M : 35 Y : 50 K : 0   C : 30 M : 0 Y : 50 K : 0

나의 첫사랑에 대하여

손지원

지금 생각해보면 그것은 사랑이었다고 할 수 있겠다. 주변 사람들의 슬프고도 안타까운 짝사랑을 많이 보았다. 물론 그런 짝사랑도 있겠지만 나에게 짝사랑은 싱그러운 봄처럼 눈 부신 햇살처럼 설레는 좋은 추억으로 남아있다.

초등학교 5학년 때부터 중학교 3학년까지 좋아한 남자애가 있다. 아니 정확히 말하자면 아직도 그를 잊지 못했다. 가슴 속 깊은 곳에 있는 보물 상자 안에 감히 값어치를 매길 수 없는 보물처럼 귀한 기억으로 남아있다. 그 보물 상자는 언제 열릴지 모른다. 하지만 그가 보고 싶고 그에 대한 추억이 그리운 날엔 언제든지 꺼내어 볼 수 있지만 다른 사람 누구나 함부로 꺼내 볼 수 없는 귀한 상자이다.

자그마치 5년이다. 5년이라는 시간 동안 한 남자를 바라보기는 쉽지 않은 일이다. 지금 생각해보면 정말 대단할 정도로 나는 그 쉽지 않은 일을 했다. 사랑이란 감정을 몰랐을 그 어린 나이에 도화지에 물감이 스며들 듯이 그는 나에게 사랑이란 감정으로 살며시 스며들 었다.

그 아이는 초등학교 때부터 끼가 정말 많았다. 무슨 일이든 나서 는 것을 좋아했다. 그리고 무엇보다도 그 아이는 조용한 아이에 대 한 차별이 없었다. 잘 나가는 즉 인기 많은 아이에게는 잘 보이고 성 격이 조용한 아이에게는 막 대하는 그런 나쁜 아이가 아니었다.

초등학교 때 나는 많이 조용한 편은 아니었지만 나서서 무언가 하 는 적극적인 아이도 아니었다. 중학생이 되면서 초등학교 때보다 더 조용해졌다. 그 아이와도 초등학생 때에 비하면 많은 말을 않았지만 그 아이가 나를 대하는 태도는 조금도 달라지지 않았다. 언제나 장 난꾸러기같이 장난도 치면서 이야기를 걸어왔다.

초등학교 때부터 같은 방과 후 수업을 받는 다른 친구 집에 선생 님을 따로 모셔서 수업을 받았다. 그 아이가 내 앞에 앉을 때도 있 고 옆에 앉을 때도 있었다. 나는 그 아이를 좋아하는 감정을 들키기 싫어서 최대한 티를 안 내려고 애썼지만, 그 아이의 눈을 똑바로 바 라볼 수는 없었다.

어느 날 겨울이었다. 수업 도중 손이 시려 손을 호호 불고 있던 나에게 그 아이가 전기장판 밑에 따뜻하다고 손을 넣어보라고 했다.

내가 눈도 못 마주치고 "어 그래." 하고 손을 넣었는데 그 아이가 "아이 거기 말고 여기" 하며 내 손을 잡고 따뜻한 곳을 짚어주었다.

그때의 나의 감정은 이루 말할 수 없다. 정말 나의 감정의 온도는 이미 물이 끓는 온도인 100도를 넘어서 분화구에서 마구 치솟는 용암의 온도에 도달하는 듯했다.

얼굴이 화끈거렸다. 티 내지 않으려 얼른 전기장판에서 손을 빼고 수업에 집중하려고 했다. 하지만 그 순간의 느낌이 계속 머릿속에서 잊히지 않았다. 수업을 마치고 집으로 가기 위해서는 친구 집을 나와 짧은 터널을 지나 초등학교를 가로질러서 버스정류장까지 가야 했다. 터널에서부터 버스정류장까지 아까의 숨 막힐 듯했던 그 감정이 머릿속에서 떠나질 않았다. 심장이 비정상적인 박동수로 계속 힘차게 뛰고 있었다.

그 아이는 횡단보도를 건너지 않고 직진해서 학원에 가는데 갑자기 나에게 "야! 잘 가."라고 인사를 건넸다. 나는 그 아이의 얼굴을 제대로 쳐다보지도 못하고 "어, 너도 잘 가"라고 인사하며 황급히 횡단보도를 건너서 버스를 기다렸다.

그때는 겨울이라 버스를 기다릴 때는 이미 해가 넘어가고 있었다. 어둠이 빨리 져서 혼자서 버스를 기다리면 춥고 무서운데 그때는 감정의 온도 때문인지 더웠다. 온몸이 화끈거리는 것 같았다. 등줄기에서 땀이 났다.

　몇 년 뒤 그 아이를 다시 만날 기회가 있었다. 그 아이의 부모님이 고깃집을 운영하신다는 말을 듣고 무슨 용기에서였는지 엄마한테 그 가게에 가보자고 하였다. 그를 만날 수도 있는데 말이다. 아니 어쩌면 그렇게라도 그를 보고 싶어서 그랬는지도 모른다. 그렇게 가게에 들어섰고 우리는 주문을 하고 고기를 맛있게 먹고 있었다. 나는 뒤돌아서 앉았고 엄마는 가게 입구 쪽이 보이는 곳에 앉으셨다.

　식사가 거의 끝나갈 때쯤 엄마가 놀란 표정을 지으시더니 작은 목소리로 그가 왔다고 했다. 나는 그 순간 전기장판 사건 때와 비슷한 감정이 느껴졌다. 아니 그보다 심장이 더 빨리 뛰었다. '제발 나를 보지마. 내가 나가기 전에 너 먼저 나가줘.'라며 내심 바랐다. 그는 부모님을 도와드리고 있었다. 그가 잠시 창고에 들어간 사이를 틈타 엄마와 계산을 하고 얼른 출입문으로 나가려 했다. 그 순간 창고 문이 열리면서 그가 나왔다. 나는 고개를 푹 숙이고 있었다. 하지만 그는 예전과 같이 마치 며칠 전에 본 사이처럼 환하게 웃으며 인사를 해줬다. 처음에는 못 들은 척하고 빨리 나가려고 했는데 이번에는 내 이름을 부르면서 인사를 해서 잠시 그의 눈을 보고 나도 인사를 하고 황급히 문을 열고 뛰쳐나왔다.

　너무 오랜만에 봐서 그런지 더더욱 떨렸다. 내가 그를 좋아한 게 몇 년인데 나는 아직도 그의 눈을 마주치지도 못했고 나의 감정도 처음 그를 좋아하기 시작한 그때 그대로인 듯했다.

엄마랑 같이 그 가게에서 그를 본 게 마지막이다.

그와의 좋은 추억이 수도 없이 많지만 내가 그에게 고백할 수 없었던 이유는 용기가 부족해서가 아니다. 내가 그를 막 좋아하기 시작한 5학년 때 그는 다른 여자아이와 사귀기 시작했기 때문이다. 고등학생이 되면서 그와 다른 고등학교에 갔고 자연스럽게 그와도 멀어지게 되었다. 가끔 SNS를 통해서 그의 근황들을 보면 그는 자신의 끼를 마음껏 펼치며 자신이 원하는 꿈에 다가가기 위해 정말 열심히 노력하고 살아가고 있는 듯하였다.

나의 길고 긴 짝사랑은 그렇게 마무리가 되었다. 내가 그를 막 좋아하기 시작했을 때 그가 다른 여자아이에게 고백하지 않아서 여자친구가 없었다면 나는 과연 그에게 고백할 수 있었을까? 대답은 '아니'이다. 그렇지만 혼자 짝사랑할 수 있었던 것에 감사한다. 나 혼자라도 그를 보며 설레는 감정을 느껴보고 첫사랑이 무엇인지 알게 되었으니 말이다.

그렇게 나의 첫사랑은 짝사랑이 되었고 대부분의 첫사랑이 그렇듯 나의 첫사랑도 이루어지지 못한 채 끝이 났다. 하지만 나의 첫사랑은 아름다웠다. '첫사랑이 아름다운 건 이루어지지 않아서가 아니라 처음 하는 사랑이라 머리가 아닌 가슴으로 하기 때문이다.'(이라 샤)라는 말처럼 우린 머리가 아닌 가슴으로 통했었다고 생각된다. 그랬기에 충분히 아름다웠다.

C:10 M:0 Y:25 K:0   C:70 M:0 Y:100 K:0   C:100 M:0 Y:15 K:0

REALLY
REALLY

이아영

누구나 살면서 사랑이라는 감정을 마주하게 된다. 사랑은 갑작스레 찾아오는 것이라서 처음엔 어떻게 해야 할지 몰라 당황스러우면서도 기분이 붕 뜬 것 같은 묘한 기분이다. 겨우 열아홉 살짜리가 무슨 사랑을 아느냐고 할 수도 있겠지만, 나도 이성적인 사랑은 아닐지라도 많은 관계 속에서 사랑을 받고 또 나눠 줬을 것이다.

예전의 나는 말랑한 반숙인 계란이었다면 지금의 나는 어느 정도 익어 단단하고 어린 티를 벗은 완숙 계란에 비유하고 싶다. 아직 제대로 된 연애 한 번 못 해봤지만 이제 사랑을 알 나이기에 마음은 한층 성숙해진 것 같다.

무엇이든 세상 모든 것의 첫 경험은 신기하고 즐겁지만 사랑은 다르게 다가오는 것 같다. 사랑을 시작할 땐 항상 새롭고 설렌다. "이젠 연애도 안 할 거야"라고 다짐해도 다시 사랑에 빠지는 이유가 이

것 때문인지도 모른다.

콩깍지가 씐다는 게 무슨 말인지 잘 이해를 못 했다. 하지만 친구들을 보면 한번 씌면 귀신에 씌인 것보다 더 심각한 것 같다. 그 사람에게 너무 빠져버리면 판단력이 약해져서 모든 것, 상대방의 단점까지도 좋아 보이기도 한다. 사랑을 하면 바보가 된다는 게 그런 것 같다.

누군가를 좋아하는 느낌은 사람이 느낄 수 있는 가장 큰 기쁨일 것이다. 평소 느끼지 못했던 온몸 구석구석의 세포들까지 다 느껴지는 기분. 없었던 연애세포까지 새로 생기는 느낌. 모든 감각이 깨어나는 기분에 눈은 말똥말똥 해지고 내가 숨을 쉬고 있는지조차 까먹게 될지도 모른다.

누가 좋아지면 이성보다 감성이 앞서는 법이다. 그게 정말 주책이다. 워낙에 감수성이 풍부한 성격이라 혼자 속앓이를 많이 했었다. 생각도 마음도 내 뜻대로 되지 않고, 그 당시는 내가 아닌 것 같았다.

학창시절 학생이라서 할 수 있는 풋풋한 연애를 한 번쯤은 해보길 바랐는데, 이제 고등학교 졸업을 몇 달 앞두고 마음의 여유도 없는 상황이라 딱히 연애가 하고 싶다는 생각도 없다. 물론 연애가 하기 싫다는 것도 아니다. 여태 연애 한 번 못 해본 것은 연애에 대해 보수적이었던 탓도 있었다. 중학교 시절 때만 해도 친구들이 고등학교 올라가면 연애 꼭 해봐야지 그러면 내가 옆에서 "학생이 무슨 연애야, 공부나 해야지 연애는 대학 가서 해도 돼"라고 말했었는데, 인제 와서 그렇게 생각했던 게 후회스럽다.

사실 연애가 마음과 마음이 통하는 사람들끼리 하는 것이지 무턱대고 사귈 수는 없는 노릇이다. 단지 상대방을 알아가는 시간이 필요했을 뿐이었다. 더군다나 누가 쉽사리 마음을 고백할 수 있겠는가? 고백을 한다는 건 진실한 마음을 담아 자신을 솔직하게 표현하는 건데 애초에 감정 표현이 서툰 사람은 엄청난 용기가 필요할 것이다.

중학교 때 한 친구가 헤어지고 나서 엄청 힘들어하던 모습을 봤다. 보는 내가 다 안타까워서 좋아하는 사람이랑 헤어져서 많이 힘드냐고 물었는데 이건 힘든 게 아니라 미치는 거라고 했다. 진짜 좋아하면 그럴 수도 있겠다고 생각했다. 또 고등학교에 올라와서 한 친구는 좋아하는 남학생이 있는데 고백을 못 해서 작은 선물을 그 아이의 신발장에 넣어두기도 했다. 순수하지만 정말 오글거리는 방식으로 마음을 전할 수도 있다니, 그렇게 적극적인 친구를 보면서 나도 좀 배워야겠다고 생각했다. 이런 다양한 일들을 겪는 주변 친구들을 통해서 사랑에 대해 차츰 알아갔다.

서로 마음을 확인하는 데에 있어 제일 중요한 건 타이밍인 것 같다. 인생은 타이밍이라지만 사랑도 타이밍이다. 모든 일에는 적절한 순간이 있다. 그때를 놓치면 이것도 저것도 아닌 상태로 끝이 나버린다. 내게 먼저 다가와 준 아이에게 마음을 연 건 꽤 시간이 걸렸지만 그땐 늦어버렸다. 더 슬픈 건 좋아했던 사람에게 한번 실망을 하니 끝도 없이 미워지는 것이었다.

사랑은 온도계와 같다고 생각한다. 온도를 높이려면 많은 노력을 해야 하지만 방치해두면 언젠가는 온도가 식어버리기 때문이다. 누군가 노력을 한다고 한들 상대방이 받아주지 않으면 어느 순간 사랑의 온도계는 다시 0도로 돌아가 따뜻했던 감정은 차갑게 식어버린다.

이때까지 사랑에 대한 경험을 되돌아보면 내가 먼저 선을 긋는 경우가 많았던 것 같다. 잘 알지도 못하면서 편견을 가져 다가가지도 못하고 혼자 마음을 정리했다. 우연히 제인 오스틴의 소설 〈오만과 편견〉을 읽게 되었는데 그런 생각을 했던 것을 반성하게 되었다. 그리고 사랑에 편견만큼 불필요한 것은 없다는 생각이 들었다. 다음은 〈오만과 편견〉에 나오는 명대사이다.

"편견은 내가 다른 사람을 사랑하지 못하게 만들고,
 오만은 다른 사람이 나를 사랑할 수 없게 만든다."

반쪽이 아닌 전부인 사랑을 해보고 싶다. 여태 아닌척했지만 주변에 연애하는 친구들 보면 조금은 부럽기도 했다. 마음껏 좋아하는 사랑을 하는 날까지 운명의 상대방이 나타나길 기다려본다.

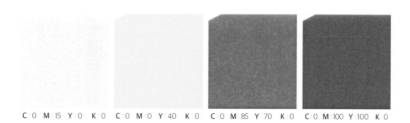

C:0 M:15 Y:0 K:0   C:0 M:0 Y:40 K:0   C:0 M:85 Y:70 K:0   C:0 M:100 Y:100 K:0

연분홍색

최은지

중학교 시절, 친구가 나에게 좋아하는 색이 뭐냐고 물어
봤다. "연분홍색"이라고 대답하자 친구는 배시시 웃으며 "남은 네 삶
이 연분홍색으로 가득했으면 좋겠다."라고 말했다. 그냥 행복했으면
좋겠어. 잘됐으면 좋겠다. 와는 사뭇 달랐다.

조금 더 설레고 조금 더 간질간질한 그 느낌에 뭐라 대꾸하기도
뭐해서 나는 그냥 그 아이를 따라 입꼬리를 올렸다.

미소만 짓는 나를 계속 쳐다보던 그 아이는 쑥스러웠는지 "그냥,
너 웃는 모습하고 너무 닮아서 그랬는데 조금 느끼했냐?"라고 나에
게 물었다.

나는 그 모습이 퍽 사랑스러워 더 놀려주고 싶다는 마음에 "응. 엄
청 느끼했지~"라며 말끝을 늘렸다.

그러자 그 아이는

"진짜? 진짜 그 정도로 느끼했어? 아, 좀 아니었나?"

라며 조급하게 물어왔다. 나는 그 아이의 팔을 잡으며,

"근데 조금 설렜다. 드라마 대사 듣는 기분이었어. 나중에 애인한 테 들으면 좋을 것 같아."

그제야 다시 해맑게 웃어 보인 그 아이와 시시콜콜한 이야기들로 하루를 꼬박 보내던 그 날을 나는 가장 사랑한다.

내 비루한 기억력 탓에 이제는 이름도 가물가물하지만 그 아이의 얼굴과 그때 그날만큼은 내 기억 속에 선명히 남아있다. 쑥스럽다며 그렇게 간지럽게 행복했으면 좋겠다는 말을 돌려 하던 그 순수한 아이를 어떻게 잊을 수 있겠는가?

솔직히 연분홍색으로 가득 찰 내 미래를 상상해보면 마냥 행복하지만은 않다. 오히려 그 전에 내가 이루어야 할 것들 걱정에 심란하다. 그럼에도 불구하고 나는 연분홍색을 떠올리면 다른 발랄하고 설레는 단어와는 조금 동떨어진 '행복'이라는 단어가 먼저 떠오른다.

언젠가 그 아이를 다시 만나게 된다면 연분홍색으로 가득한 삶을 살게 해줘서 고맙다고 말하고 싶다. 그러면 또 그날과 같은 웃음으로 나를 반겨주겠지.

다시 그 웃음을 보게 될 날이 하루만 더 빠르게 찾아왔으면 좋겠다.

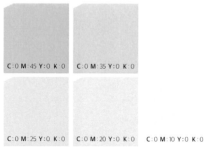

C:0 M:45 Y:0 K:0   C:0 M:35 Y:0 K:0

C:0 M:25 Y:0 K:0   C:0 M:20 Y:0 K:0   C:0 M:10 Y:0 K:0

친구(親舊)

차승현

친구. 그 이름만 들어도 행복한 사람.

우울할 때 나 신날 때 나 내 곁에서 내 얘기를 들어주고 공감해주는 사람.

맛있는 걸 같이 먹으며 웃고 떠들며 추억을 쌓아가는 사람.

경치 좋은 곳에 놀러 가 함께 사진을 찍는 사람.

밤새 웃고 떠들다 함께 잠자리에 드는 사람.

잠이 오지 않을 때 항상 먼저 연락을 건네는 사람.

어떨 때는 가족보다 우선시 되는 사람.

가족보다 연락을 더 잦게 하는 사람.

그런 사람이 성인이 되면 자주 못 보고 잊혀지는 것은 싫습니다.

우리들의 추억들이 한순간에 날아가고 서로의 이름도 잊으며 사는 것은 싫습니다.

지금의 행복이 먼 훗날 돌아봤을 때 후회되지 않았을 아름다운 추억이길 바랍니다.

몇 년이 지나더라도 내 곁에 있는 소중한 친구가 있길 바랍니다.

당신에게는 소중한 친구가 있나요?
당신은 진정하고 소중한 친구를 적게 사귀는 편인가요?
혹은 옅은 관계의 친구를 다양하게 사귀는 편인가요?
그에 대한 해답이 어떨지라도, 그 사람이 친구라는 점은 변하지
않습니다.
나와 참된 행복을 나눌 줄 아는 사람 친구.

여러분에게는 친구가 어떤 존재입니까?

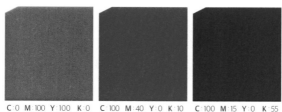

C:0 M:100 Y:100 K:0   C:100 M:40 Y:0 K:10   C:100 M:15 Y:0 K:55

연인(戀人)
38℃
차승현

눈에 자꾸 들어오는 한 사람이 있다.

첫사랑이 아니지만 첫사랑이라고도 할 수 있는 그런 사람이다.

어리숙한 시절 뭣 모르고 한 사람과 연애라는 단어를 내세우며 연애답지 않은 연애를 했다.

지금의 감정은 그때의 감정과는 다르다.

처음 본 순간부터 여태껏 만난 다른 사람과의 느낌은 달랐다.

그렇게 나는 먼저 연락을 건넸고, 대화하고 있는 지금 이 순간에도 설렘은 멈추지 아니한다.

모든 걸 같이 하고 싶고, 계속 전화하고 싶고, 같이 많이 놀러 가고 싶다.

아직 서로 잘 알지도 못하고 알아만 가는 단계이면서, 계속 좋은 관계로 발전시켜 나가고 싶다.

나도 이런 내가 낯설다.

그렇지만 그 사람의 말투, 성격, 행동, 전부 다 내 마음에 든다.

오로지 인간에게만 느낄 수 있는 감정.

인간과 인간만의 온도 38℃.

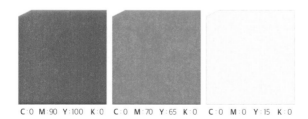

C:0 M:90 Y:100 K:0   C:0 M:70 Y:65 K:0   C:0 M:0 Y:15 K:0

- 컬러로 추억하기 -

학창시절의 소중했던, 아름다웠던 기억을 떠올려보세요.

그 기억을 컬러로 표현해보세요.

그 컬러의 느낌을 적어보세요.

소중한 그 순간 함께한 친구, 가족, 사랑하는 이가 있다면

그들에게 손편지를 써봅시다.

손지원

　올해는 3학년이기도 하고 기장을 맡게 되면서 '내가 과연 부원들을 잘 이끌어갈 수 있을까?'라는 의문이 생겼지만 부원들이 잘 따라 준 덕분에 끝까지 잘 마무리 할 수 있었습니다. 이번 책 쓰기 주제가 '감정'이었던 만큼 글을 쓰는데 조금 어려웠습니다. 나의 감정을 자세히 들여다보지 못했기에 감정에 관련된 책을 낸다는 것은 쉽지 않은 일이었습니다. 그런데 모임 때마다 선생님께서 컬러를 이용하여 오늘 자신의 감정을 나타내어보라고 하신 덕분에 그나마 나의 감정을 들여다보는 방법을 알게 되었습니다. 책을 쓰면서 제가 알지 못했던 감정들도 알게 되고 머릿속에 정리되지 않았던 감정들이 차차 정리가 되기 시작했습니다.

처음에는 앞길도 막막하고 힘들었지만 혼자가 아닌 다 같이 하나의 목표를 가지고 앞으로 나아갈 수 있었기에 이 책이 나오지 않았나 싶습니다. 빅꿈나비는 단순히 글을 쓰고 책을 내는 동아리가 아닌 스스로 성장할 수 있는 힘을 실어 준 동아리가 아닌가 싶습니다. 후배들도 동아리에 가입하여 자신을 성장시켰으면 좋겠고 학교 도서관에 후배들이 직접 쓴 책들이 앞으로도 많이 늘어났으면 하는 것이 저의 바람입니다.

이아영

Big꿈나비 동아리 활동을 하면서 많은 것을 배우고 느낄 수 있었습니다. 올해는 감정에 대해 초점을 두어 여러 활동을 했는데, 감정에 관한 책을 읽고, 읽고 난 후의 감정을 나누기도 하면서, 자신만의 감정을 글과 그림으로 표현해 보기도 했습니다. Big꿈 나비 동아리에서의 활동은 또 한 번 성장하게 된 소중한 경험들이었습니다. 동아리원들과 감정을 나누며 타인의 말에 공감하며 마음을 열고 대화하는 법을 익혔습니다. 평소에 잘 인지하지 못했던 감정의 순간을 기록하고, 나 자신을 더 이해함과 더불어 이 책을 보는 모든 분들께 감정이 중요하다는 메시지를 전달하기 위해 이 책을 쓰게 되었습니다.

그런데 적고 나서 보니 슬펐던 감정을 쓴 글이 더 많았습니다. 이유를 생각해 보니 수많은 감정을 겪어오면서 치유를 못 한 채 흘러보냈던 것이 문제였습니다. 지난 과거의 경험을 떠올리면서 책을 쓴 것은 감정이 주는 영향을 무시하고 살았던 저에게 반성할 수 있었던 계기가 되었고, 앞으로는 어떤 감정이든 두려워하지 않고 온전하게 마주하겠다는 생각을 하게 해주었습니다.

안녕하세요! 이 후기는 새벽에 작성되었습니다. 제가 방금 전에 일어났거든요. 보통 글을 쓸 때도 대부분 새벽이었는데 후기를 새벽에 쓰자니 뭔가 색다르네요. 지금 이 후기를 읽고 계신 여러분들은 제 글을 다 읽으셨겠지요. 제가 봐도 제 글은 난해한 부분이 좀 존재하긴 합니다. 몇 번을 고쳐 써도 그런 느낌은 지워지지가 않네요. 그냥 저게 제 스타일인 것 같습니다.

사실 원고를 써보는 게 처음이라 상당히 즐겁게 작업했어요. 그런데 주제가 감정이라 쓰면서 대단히 무안했던 기억이 있습니다. 여담이지만 저는 안 그렇다고 생각하는데 남들은 저를 보면서 제가 저 자신을 드러내기 꺼려한다고 하거든요. 이 말을 이번 작업을 통해 조금이나마 알게 된 것 같습니다. 상당히 무안함이 남아요. 감정이라는 게 사실 잠깐 본다고 뚜렷한 형태가 잡히는 건 아니거든요. 글을 쓰면서 이 감정이 무엇이고 지금 내가 어떤 것을 느끼고 있으며 당시엔 어떤 느낌을 받았는지 회상한다는 것이 되게 멋쩍었습니다. 타이핑하면서 이런저런 추억에 잠겨보기도 하고 당장 어제의 일을 생각해보기도 하고 무심코 지나갔던 옛 추억들을 마주해보기도 했어요. 결과적으로는 의미 있는 일이었지만 이 글이 책으로 발간되고 나면 다시금 민망해지겠지요. 그래도 굳이 읽으라면 기분 좋게 볼 수 있을 것 같습니다.

가장 저를 잘 드러낸 글은 아마 '고마움' 부분이 아닐까 싶습니다. 친구라는 주제로 감정을 다룬 이 이야기는 실제로도 되게 빨리 작업했거든요. 그만큼 떠오르는 말이 많았고 제 기억을 바로바로 끄집어 낼 수 있었습니다. 글을 쓰면서 모든 장면에 솔직해지자는 다짐을 가장 잘 지킨 편인 것 같아요. 지금 제가 고등학교 3학년이라 그런 걸 수도 있지만요. 여하튼 친구들과 함께했던 시간은 항상 즐거웠습니다. 때때로 불미스러운 일이 있긴 했지만 지나고 보면 다 추억이죠. 다행스럽게도 대부분 '그래, 그때 그런 일도 있었지'라며 넘길 만한 일들이었어요. 읽으시는 분들이 그편을 보시면서 '애 참 솔직하게 털어놓네.'라고 생각해주셨으면 좋겠습니다. 그만큼 진심이 가득 담겼으니까요.

이렇게 고등학교 끝자락을 뜻깊게 마무리하는 것 같아 뿌듯합니다. 이런저런 이유로 다들 바쁜 일 년이었지만 어찌어찌 무사히 책을 내게 되네요. 작년에는 개인적인 사정으로 참여하지 못해서 약간의 아쉬움이 있었는데 올해는 동아리 원들과 같이 글을 쓸 수 있어서 무척 기쁩니다. 무엇보다 이정민 선생님께 감사인사를 드리고 싶어요. 바쁘신 와중에도 빅꿈나비 부원들을 챙겨주시고 이렇게 예쁜 동아리를 만들어주셔서 대단히 감사드립니다.

그리고 마지막으로, 빅꿈나비 파이팅!

최은지

　원고를 열심히 수정하던 때가 엊그제 같은데 벌써 후기를 쓰다니 시간이 많이 흘렀다는 생각이 드네요. 사실 아직도 책이 나온다는 사실이 믿기지 않아요. 글을 쓰는 내내 얼기만 했는데 또 얼는다니요. 저는 이게 정말 꿈인지 생신지 아직도 실감이 안 나서 매일 볼을 꼬집어 봐요.

　글을 쓰려고 매일 같이 추억 탐방을 하다 보니까 어느 순간 잊고 있었던 기억들이 돌아와 있더라고요. 다시 제자리를 찾은 수많은 기억들 사이에서도 제가 가장 아끼는 기억은 "연분홍색"에 관한 기억이에요. 기억이 돌아오는 내내 심장이 얼마나 쿵쿵 뛰었는지 다시 그 아이하고 그날 일을 다시 반복하는 듯한 기분이 들었다니까요. 어떻게 그 설레는 기억을 잊었는지 과거의 제가 너무 미워질 만큼 말이요.

사실, 저는 아직도 이런 식으로 감정을 드러내는 것이 조금 부끄러워요. 감정을 전부 드러내는 것은 저에게는 저의 모든 것들을 다 내보이는 것이랑 똑같거든요. 그래서 진짜 감정은 숨기기 급급했었는데 어느 순간부터 글을 쓰면서 다른 사람들과 진짜 감정을 공유해보고 싶다고 느끼게 됐어요.

그래서 이 책에 처음으로 제 진짜 감정을 잔뜩 털어놓게 되었어요. 그러니까 제 글을 읽으실 분들이 더 이상 감정을 드러내는 것을 부끄럽게 생각하지 않으셨으면 좋겠어요.

끝으로 아무것도 모르던 저를 잘 이끌어주신 이정민 선생님께 감사 말씀을 드리고 이만 줄이겠습니다. 감사합니다.

차승현

빅꿈나비를 가입하게 된 계기는 평소 독서량이 터무니없이 적고 동아리를 통해서라도 독서량을 늘려보자는 마인드로 가입에 임했습니다. 하지만 빅꿈나비는 그에 멈추지 않은 나 자신을 알게 해준 고마운 동아리인 것 같습니다.

혹시 이 글을 읽는 독자 여러분들은 자신의 감정에 대해서 글을 써 본 적이 있으십니까? 저는 없었습니다. 이번 동아리 활동을 통해서 나의 감정에 대해 글을 써봄으로써 나 자신에 대해서 한 걸음 더 다 가갈 수 있는 기회가 마련되어 뜻깊은 활동이 되었던 것 같습니다.

이 책에 집필된 글들은 허구소설 같은 없는 얘기를 지어낸 것이 아닌, 동아리 구성원들의 이야기들을 소재가 생길 때마다 하나 하나 자신의 감정을 담아서 글을 쓴 책입니다. 그 덕분에 글을 쓰는 내내 지루함 같은 느낌은 전혀 받지 않고 나의 이야기를 널리 알린다는 생각에 들떠 행복하게 글을 작성했던 것 같습니다.

　혹시 빅꿈나비 동아리 가입에 있어서 고민 중이시다면 주저하지 않고 가입하는 것을 추천 드립니다. 자신의 감정을 쓰며 하루를 되돌아보고, 필력 향상과 더불어 독서량을 늘릴 뿐만 아닌 구성원들과의 꾸준한 소통으로 이보다 더 재밌는 동아리는 없을 거라 자부합니다.

　짧지만 긴 글 읽어주셔서 감사합니다.

첫 책을 쓰고 나서

17년 인생의 첫 책이 감정을 주제로 해서 정말 좋았습니다. 지금까지 감정이 나에게 어떻게 영향을 주었는지도 알아차리고, 또한 이 감정을 해소하며 나와의 시간을 가지면서 많은 성장을 하는 계기가 되었습니다. 지금까지 말하고 싶었지만 어디에 말할지 몰랐던 내 아픔들을 말하며 스스로 치유가 되기도 했습니다. 평소에 감정에 대해 관심이 많지만 일상생활에서 나눌 대화가 아니라 혼자 공부했는데 이렇게 한 동아리에서 감정에 대한 책을 읽고 쓰는 활동을 하며 함께 공부한다는 느낌을 받아 좋았습니다. 또, 이번 동아리 활동으로 인해 나의 부족한 점도 발견하고 성장한 점도 보이면서 앞으로 더 나아갈 새로운 동기부여가 되었습니다. 앞으로 감정공부를 계속하며 내 안을 가꾸는 사람이 되겠습니다.

고등학교 첫 동아리 '빅꿈나비'에서 직접 글을 써보며 '글은 쓰는 사람만 쓴다.'라는 편견을 벗고 글에 대한 즐거움을 배웠던 것 같습니다. 분노, 슬픔, 자부심, 사랑 등의 감정에 대해 각자의 이야기를 들으며 함께 공감하고 서로를 이해할 수 있는 시간이 되었고, 사건이 아닌 감정에 초점을 맞추다 보니 각자의 진솔한 마음을 말할 수 있었던 것 같아 좋았습니다.

이번 책 쓰기 활동은 내적, 외적 성장에 큰 도움이 되었습니다. 마지막으로 부족한 저를 도와주고 함께 고민해준 빅꿈나비 동아리 선배, 친구, 선생님께 진심으로 감사드립니다. 앞으로 서로 도우며 나아가는 동아리가 될 수 있게 노력하겠습니다!

정서희

이 책 쓰면서 '내가 이 감정을 생각할 때 무엇을 가장 먼저 떠올렸는가?' 이것을 고민하느라 글을 쓸 때 가장 힘들었던 것 같습니다. 주로 감정은 느껴보기만 했지 깊게 생각해 본 적이 없기 때문입니다.

귀찮은 것은 죽어도 하지 않는 제가 글을 쓰기 위해서 아침 일찍 일어나 컴퓨터를 켜기도 했습니다. 이만큼 저는 이번 글쓰기가 중요했습니다. 이 글을 통해서 내 기억의 구석 한 쪽에 자리 잡은 감정들을 꺼내 보고 싶었기 때문입니다. 그리고 이 책이 내 감정 사용법을 담은 최초의 책이 될 수도 있다는 생각에 들떠서 글을 쓰기도 했던 것 같습니다.

물론 처음부터 글을 다 쓰지는 못했습니다. 처음에는 자신감 넘치게 컴퓨터 자판을 잡고서 열심히 글을 쓰기 시작했으나 그 열정은 어디로 가고 없는지 겨우 세 편의 엉망진창인 글이 완성되어 있었습니다. 하지만 선생님과 선배, 그리고 친구의 응원 덕에 저는 다시 글을 쓸 수 있었습니다.

이 책을 통해 글쓰기를 하는 데 있었던 두려움을 극복할 수 있었고 내 감정들을 다시 되돌아보게 해주는 시간이었기에 정말 좋았습니다. 또한, 많은 추억들도 돌아볼 수 있어서 저에게는 소중하고 색다른 시간이었습니다!

저에게 이런 기회를 주신 빅꿈나비 동아리에게 정말 고맙습니다. 감사합니다!